重构 ②

实体店与社群变现

周导 聊

周导 著 新商业模式之逆向盈利主讲导师

哈尔滨工业大学出版社
HARBIN INSTITUTE OF TECHNOLOGY PRESS

序言

在此，首先感谢 2 000 万老板粉丝朋友对"重构"系列图书的认可和支持，《重构——新商业模式》已经帮助 30 万读者朋友找到新的逆向盈利思路，重构了思维、战略、模式、产品、渠道和服务。在《重构 2：周导聊实体店与社群变现》创作的这一年多的时间之中，我思考良多，在互联网充分赋能的时代，企业家、老板和业界精英都面临着共同的机遇与挑战：

流量究竟在哪里？盈利的模式究竟在哪里？线下和线上的盈利模式和用户群体越来越融合的时机下，实体店该如何转变才能实现新的流量变现？

在互联网+、大数据、人工智能等众多现代科技的冲击下，传统实体店需要寻求新的出路——打破传统，重构未来。重构实体店未来模式、盈利维度、经营方向、资源配置、社群变现方式等，是实体店

在全新商业时代必将经历的发展过程。

　　本书中，我将从实体店未来的生存方式、六大升级模式以及十二大经营体系等方面，帮助企业精准定位经营方向、合理配置资源、实现社群流量变现，以例说法，带领广大读者找到未来实体店的发展方向及社群流量变现的全新法则！

　　当今时代充满挑战，更充满着前所未有的机会，如果你有雄心又不乏智慧，那么不管你从何处起步，都可以沿着自己所选择的道路登上事业的顶峰。把握新零售时代，重构实体店与社群经营模式，在全新的时代快速实现流量变现和经营模式升级，创造辉煌。

周　导
2021 年 7 月

下篇　重构实体店社群变现

升级实体店的"六大"操作模式及实操案例

- 升级一　店面 —— 经营店面升级为经营社群
  - 围绕"内容"形成某一类的购物社群
  - 经营锦囊：精细化管理社群客户
  - 实操案例：果农利用社群营销3天销售7000斤苹果

- 升级二　货品 —— 单一货品升级为集成货品
  - 集成货品，打造爆品
  - 经营锦囊：借助爆品扩展流量
  - 实操案例："车位免费"打造巅峰销售最新模式

- 升级三　人员 —— 店员升级为股东
  - 让店员称为老板的最佳合作伙伴
  - 经营锦囊：客户关系升级+店员成为最佳合作伙伴
  - 实操案例：母婴店突围术，送员工汽车还能利润暴增

- 升级四　顾客 —— 搞促销升级为会员制
  - 发展会员，精准营销
  - 经营锦囊：拓展商家的分销渠道
  - 实操案例：一招"会员制充值返现"，超市起死回生

- 升级五　策略 —— 单一营销办法升级为完整解决方案
  - 为品牌提供品效联动的完整解决方案
  - 经营锦囊：广告营销+线下零售
  - 实操案例："整屋解决方案"让家具店一年业绩从500万跃升至2000万

- 升级六　圈子 —— 精准识别，客户圈子管理升级
  - 升级圈子，精准识别潜在客户
  - 经营锦囊：经营范围更大、更高端的圈子
  - 实操案例：洗车行经营高端客户圈，轻松实现年盈利增收

成功运营实体店社群的十二大体系

- 经营方向不对，资源配置浪费
  - 找准战略方向，实现运营"差异化"
  - 优化资源配置，提升竞争力，获取更多流量

- 三网合一的社交店商，社交店商新模式
  - 搭建流量入口，做大流量池

- 实体店社群十二大体系：帮助企业合理配置资源
  - 体系一：入口体系 —— 会员制
  - 体系二：引流体系 —— 爆品制
  - 体系三：黏性体系 —— 套组制
  - 体系四：盈利体系 —— 带客制
  - 体系五：延伸体系 —— 课程制
  - 体系六：促销体系 —— 年度制
  - 体系七：推广体系 —— 微商制
  - 体系八：顾客体系 —— 闭环制
  - 体系九：服务体系 —— 顾问制
  - 体系十：产品体系 —— 提成制
  - 体系十一：管理体系 —— 承包制
  - 体系十二：复制体系 —— 连锁制

升级实体店盈利维度，实现社群盈利

- 实体店在互联网冲击下突围的五大出口
  - 出口一　线上服务与线下体验相结合
  - 出口二　获取流量是基础
  - 出口三　重视大数据运营
  - 出口四　构建智慧门店
  - 出口五　用户服务极致化

- 把握三大维度，实现用户为王
  - 维度一　多元营销，实现流量快增
  - 维度二　品类重构的关键：做好引流、增加黏性、盈利变现和延伸渠道
  - 维度三　圈子店商+社群=打通全息渠道

- 店商社群成为未来实体店变现的流量支撑
  - 建群的本质 —— 用产品或信息帮用户建立新社交关系链
  - 微商是社群商业的底层逻辑
  - 实现以人为中心的社群经营

目 录

上 篇　重构实体店变现

第一章
挟终端以令产业：实体店主必知的门店发展历程　2

01　1.0 实体店——基层网点广布的供销社　4

（1）"守株待兔"式的供销社　4

（2）发挥基层网点优势，提升七个模块用户体验　4

02　2.0 实体店——新兴复合型商业零售业态的购物中心/百货大楼　8

（1）2.0 实体店发展的三个时期　8

（2）2.0 实体店的三大经营模式　8

03　3.0 实体店——渠道为王的连锁加盟　11

（1）制造工厂品牌化与连锁经营并举　11

　都市丽人：用时尚元素形成品牌印象　13

　奥康：用事件营销、厂商联营等手段提升品牌认知度　13

　　　　报喜鸟：特殊加盟，统一品牌形象　14
　　　　国美：自上而下场景融合，实体店价值再现　14
　　　　苏宁：重塑品牌，实现转型　16
　　（2）连锁加盟，渠道为王　17
　　　　名创优品：成功关键——做好终端渠道　20
　　　　海澜之家：托管式加盟，标准化经营　22
　　（3）新零售实体店的崛起　24
　　　　盒马鲜生：高周转率店商　26
　　　　小米之家：打造高性价比大众产品路线的店商　28

第二章
在互联网时代崛起的新零售——"五新"趋势对实体产业造成的冲击　34

01　新零售——开辟新实体店经营路径　37

大数据揭秘新零售时代　37
　　京东：由线上京东向线下100万家门店冲锋　38
　　小米：结合互联网的新"铁人三项"　39
　　三只松鼠：发展线下门店，反引导线上消费　39

02　新金融——让金融普惠化　41

普惠式金融完美诠释新金融时代　41
　　京东金融：用金融服务用户，让生活和生产变得更美好　42

03　新制造——衍生新工业生态　45

信息科技为新制造时代赋能　45

　　UR：定制模式　47

　　宝马汽车：个性化定制　49

04　新技术——成就新的商业模式　51

新技术为市场注入新活力　51

　　人脸识别：让金融交易更高效、安全　52

　　无人驾驶汽车：智能科技改变人类交通出行方式　52

　　阿里未来酒店：颠覆传统服务模式　52

　　教育智能化：提升教学效果　54

05　新能源——进入全新数据化时代　56

新能源驱动产业朝向互联网、新制造方向发展　56

　　阿里巴巴：数据的王国，进击的巨人　56

　　"大数据+AI"赋能教育行业　59

第三章
三种未来实体店的生存方式　66

01　高性价比店商，获取更多用户　68

以量取胜的核心是获取更多的客户　68

　　娃哈哈：消费者才是用户　68

　　阿里巴巴：培养更多人学会做电子商务，来吸引更多的用户　70

02　品牌店、个性化店商，打破传统电商困局　72

更关注客户/用户需求　73

路易威登：品牌路线　76

无印良品：没有印上品牌标志的好物品　79

03 互联网打造新零售生态　81

盒马鲜生：全渠道体验实体店　82

小米之家：用互联网思维提升线下用户体验感　83

下篇　重构实体店社群变现

第四章
升级实体店盈利维度，实现社群盈利　88

01 实体店在互联网冲击下突围的五大出口　90

出口一　线上服务与线下体验相结合　90

京东到家：牵手步步高，实现线上线下合作共赢　91

出口二　获取流量是基础　92

杭州西湖：免费门票意在获取流量　92

出口三　重视大数据运营　98

亚美科技：用大数据支持门店智能选址　100

蜜思肤门店：数据分析指导营销落地　101

出口四　构建智慧门店　102

九号机器人：5G智慧零售门店　103

出口五　用户服务极致化　103
　　胖东来超市：以极致服务赢得市场　104

02　把握三大维度，实现用户为王　105

维度一　多元营销，实现流量快增　105
　　佛山火锅店：一次充值 6 倍抵现获取流量　115
　　腾讯 QQ：社交工具积累用户流量，金融服务获取盈利　117

维度二　品类重构的关键——做好引流、增加黏性、盈利变现和延伸渠道　118
　　仙果宝盒：爆款产品成功引流　122
　　荣大科技：服务堪比"海底捞"的中国最牛打印店　123
　　餐饮店：暖心活动，让顾客多次光临　124
　　变形餐桌：就做新奇特，成功博眼球　126

维度三　圈子店商＋社群＝打通全息渠道　127
　　美容店：用优质圈子服务体系，盘活圈子流量　128
　　乐茵母婴：用母婴服务解决方案建立产业链闭环，让企业实现可持续盈利　129

03　店商社群成为未来实体店变现的流量支撑　130

（1）建群的本质——用产品或信息帮用户建立新社交关系链　130
　　"周导读书——圈商会"：搭建社群要清晰定位和明确目标　132

（2）微商是社群商业的底层逻辑　133
　　如何把微商做成高级的社群运营：完美日记的创富"神话"　134

（3）实现以人为中心的社群经营　136
　　"周导读书——圈商会"：经营社群就是经营人　137

第五章
成功运营实体店社群的十二大体系　142

01 经营方向不对，资源配置被浪费　144

（1）找准战略方向，实现运营"差异化"　144

（2）优化资源配置，提升竞争力，获取更多流量　144

　　达芙妮、京东便利店：无界零售战略　147

02 三网合一的社交店商，社交店商新模式　148

搭建流量入口，做大流量池　149

　　"周导读书——圈商会"：社群引流、变现操作　151

03 实体店社群十二大体系：帮助企业合理配置资源　153

体系一　入门体系——会员制　153

　　Costco（开市客）：只要成为会员，就享受低价购轻奢品　154

　　沃尔玛山姆：为会员营造高品质购物环境　155

体系二　引流体系——爆品制　159

体系三　黏性体系——套组制　162

体系四　盈利体系——带客制　167

　　小乔跑步机："跑步机中的小米"　167

　　爽然纸尿裤：让婴儿走进"时尚圈"　169

　　宝洁公司：用产品生态布局广罗市场流量　171

　　金龙鱼：用品牌矩阵占领高、中、低端市场　171

体系五：延伸体系——课程制　172

体系六：促销体系——年度制　174

体系七：推广体系——微商制　178

体系八：顾客体系——闭环制　182

体系九：服务体系——顾问制　184

　　普森电器：用3D云设计让用户在门店直接"看"到未来厨房　186

体系十：产品体系——提成制　187

体系十一：管理体系——承包制　189

体系十二：复制体系——连锁制　192

　　海澜之家：模式复制实现连锁式发展　192

　　华莱士：探索联营模式　197

第六章
升级实体店的"六大"操作模式及实操案例　200

升级一　店面——经营店面升级为经营社群　202

（1）围绕"内容"形成某一类的购物社群　202

（2）经营锦囊：精细化管理社群客户　205

　　实操案例：果农利用社群营销3天销售7 000斤苹果　206

升级二　货品——单一货品升级为集成货品　209

（1）集成货品，打造爆品　209

（2）经营锦囊：借助爆品扩展流量　209

　　实操案例："车位免费"打造巅峰销售最新模式　210

升级三 人员——店员升级为股东 214

（1）让店员成为老板的最佳合作伙伴 214

（2）经营锦囊：客户关系升级＋店员成为最佳合作伙伴 215

　　实操案例：母婴店突围术，送员工汽车还能利润暴增 216

升级四 顾客——搞促销升级为会员制 219

（1）发展会员，精准营销 219

（2）经营锦囊：拓展商家的分销渠道 220

　　实操案例：一招"会员制充值返现"，超市起死回生 220

升级五 策略——单一营销办法升级为完整解决方案 224

（1）为品牌提供品效联动的完整解决方案 224

（2）经营锦囊：广告营销＋线下零售 224

　　实操案例："整屋解决方案"让家具店一年业绩
　　　　　　　从500万元跃升到2 000万元 226

升级六 圈子——精准识别，客户圈子管理升级 232

（1）升级圈子，精准识别潜在客户 232

（2）经营锦囊：经营范围更大、更高端的圈子 233

　　实操案例：洗车行经营高端客户圈，轻松实现年盈利增收 236

参考文献 240

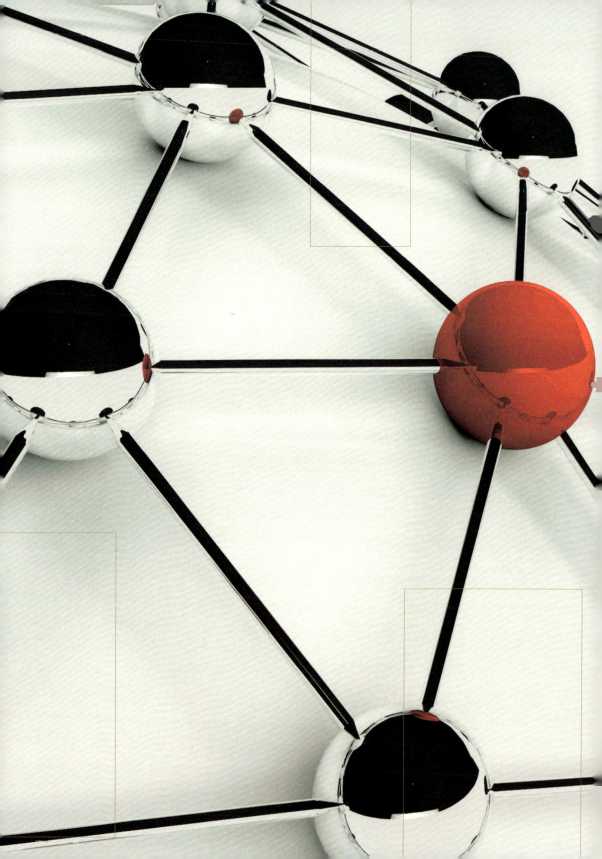

上篇

重构实体店变现

第一章

挟终端以令产业：实体店主必知的门店发展历程

WHAT DETERMINES YOUR FUTURE?

大师说

德鲁克：什么决定了你的未来？

有人向德鲁克请教如何开公司，德鲁克先抛出一个问题："什么驱使你这样做？"请教的人回答说是好奇心和他人的影响。于是德鲁克说："看来你陷入了经验主义，你身上一定充满了低俗的商业气息。"

这个小故事告诉我们：未来取决于深刻地认识自己，营商亦是如此！

这个时代充满着前所未有的机会，如果你有雄心又不乏智慧，那么不管你从何处起步，都有沿着自己所选择的道路登上事业顶峰的可能。但前提是，你必须成为自己的首席执行官，知道何时改变发展道路。

对于经营企业而言，首先要对企业有深刻的认识，清楚企业的优点和缺点，知道企业应该在何时变革发展路线，结合新形势、新目标，不断创新商业模式，让企业发展得更快、走得更远。

01 1.0 实体店
——基层网点广布的供销社

(1)"守株待兔"式的供销社

供销社是一个与计划经济时代共振的存在,它的全称为"供销合作社"。在计划经济年代,供销社靠统购统销包揽了中国几亿农民的买与卖,"金字招牌"无人不晓。直到市场经济逐登上历史的舞台,供销社才渐渐淡出了人们的视线。

其实,现在供销社依然存在,主要服务于农产品,也涉及物流、金融、节能环保、文化等现代服务业和战略性新兴行业。虽然现在的供销社与过去相比已经有了很大的发展,但它的经营模式依然很传统,即开一家店铺,坐等客户上门,与客户之间只是单一的交易关系。

(2)发挥基层网点优势,提升七个模块用户体验

供销社最大的优势是渠道多,目前全国供销系统内的基层社经营网点有几十万个,包括日用消费品网点、农业生产资料网点、农副产品收购网点、再生资源回收网点等,覆盖了全国90%以上的乡镇。如此庞大的渠道,在农村消费市场中有着巨大潜力。

综合当前的市场形势,类似供销社这种传统实体店该如何寻求突破呢?

永不放弃

NEVER GIVE UP

发挥渠道优势,实现用户统筹管理。 将单一渠道向多元化渠道发展,对供销社的目标客户群体经常接触的渠道进行针对性布局。简单地说就是紧密围绕客户,进行整体统筹管理。

注重购物环境建设,提升七大模块的用户体验。 在商品供不应求的年代,供销社采取坐等顾客上门的策略,这在实体店数量巨增、线上购物平台普遍存在的今天,已经失去了核心竞争力。构建完善、舒适的购物环境,从七个模块提升用户体验,对于供销社这类 1.0 实体店来说,是实现内部突破的关键。

❶ 满意度

涉及客户运营的方面，如视觉表达、品牌和形象设计服务体系提升等，提高客户满意度。

❸ 有用性

面对的用户需求是真实的。

❷ 可用性

设计满足用户需求的功能。

❹ 可找到

用户能找到自己需要的产品。

❺ 可获得

用户能够方便地完成操作，达到目的。

❻ 可靠性

给用户安全感，产生信任。

❼ 有价值

生产有价值的产品。

提升用户体验的**七个模块**

第一章 | 7

02　2.0实体店——新兴复合型商业零售业态的购物中心／百货大楼

(1) 2.0 实体店发展的三个时期

第一个时期——20世纪90年代初开始的商业改造和百货业建设。

第二个时期——20世纪90年代中期大型超市和卖场的兴起，即以百货商场、超市、连锁店等为主，只停留在购物这一简单的需求上，难以满足消费者在购物的同时进行休闲、娱乐活动，"休闲购物"的消费主流。

第三个时期——Shopping Mall（超级购物中心）时代。这种全新的商业模式一经推出，零售业反响强烈，并日益成为现代商业的主流。超级购物中心具有规模大、业态复合度高等特点，可以满足消费者"购物＋休闲"的需求。

(2) 2.0 实体店的三大经营模式

2.0实体店开始注重环境建设，提高产品品质，如购物中心和百货大楼就是典型代表。它们作为一种新兴复合型商业零售业态，是集购物、餐饮、休闲娱乐乃至观光旅游为一体的"一站式"大型商业体。

2.0实体店，是市场经济发展的产物，是人们消费水平提高和生活方式转变的必然结果，还会随着消费需求的变化而不断调整模式，是一个动态的购物体系。2.0实体店业态的个性是"门店销售＋体验环境"的完美体现。

纯销售模式

靠出售商场的产权和经营权形式"产权式商铺",在商业地产商资金实力不足并追求短期利益的背景下,可迅速回笼资金。

2.0 实体店的三大经营模式

纯物业经营模式

以出租为主,销售为辅,通过对招商权的完全控制,达到控制进场业态、业种的目的,形成自己的经营定位,经营者可进行二度调控。

租售并举模式

特点是只租不售,要实现良好的整体管理和营销,主要靠物业经营来营造良好的商业氛围,持续获得物业价值,成为动态收益模式。

MANAGEMENT

经营模式

2.0实体店的特点：

1. 多业态的综合体。购物中心本身聚集了商业的多种业态。

2. 多功能的融合体。购物中心不仅是购物场所，还集旅游、休闲、健身、娱乐等功能于一体。

3. 体验式购物。购物中心、百货大楼等都有着优美的购物环境，且具有多元化的消费模式。

03 3.0实体店——渠道为王的连锁加盟

（1）制造工厂品牌化与连锁经营并举

实体店越来越多，购物体验也越来越好，客户却越来越少，客户去哪儿了？过去人们在路边寻找出租车，现在基本上在路边等待的顾客都已经预约好了出租车，因为已在网约车平台下单了。

3.0实体店就诞生于这个时代即是如此，线上流量被头部互联网公司截取，获客成本逐渐增加，线下流量市场再一次成为各大企业的"主战场"。在3.0实体店中出现了很多从制造工厂转型而来的实体店。它们不仅要为消费者提供良好的店内购物环境，还要打造具有企业核心价值的品牌概念，让自己的产品真正走进消费者心里。

这类实体店应从三个方面做好品牌升级。

明确消费者群体需求。从提升产品质量和设计方面入手，让产品有符合消费者需求的外观和实用性，获得消费者信任。

做好自主品牌定位。结合企业的核心价值观、目标消费群体等，确定品牌定位，从企业 logo 到直营店形象、连锁加盟店形象，再到产品的包装等，进行统一设计。

组织好品牌营销环节。在网络销售中获取精准流量后，建立好品牌的营销路径，以多元化的传播方式做好网络营销，全力以赴传播企业品牌的核心价值观，并在营销途径打开后，结合线下渠道进一步做好品牌营销。

一图看懂制造工厂实体店升级品牌路径：

制造工厂实体店升级品牌，需要进行研发设计，提升产品质量，完善企业管理体系及售后服务保障体系，通过线上营销和线下实体店推广相结合的模式，逐步打造自主品牌核心价值，并将企业品牌的核心价值传播给目标消费者，从而获取更大的客流量，并完成客流量裂变，最终实现流量变现。

都市丽人：用时尚元素形成品牌印象

都市丽人在成立之初的薄利多销策略，夺得了大量市场份额。 但由于定位过于大众化，加之产品、店铺设计陈旧，不能满足当时的客户需求。他们通过签约名人代言，让品牌的知名度进一步提升，也开始尝试走时尚化路线。

添加时尚元素，让品牌迎合市场需求。 都市丽人邀请时尚设计师为产品添加时尚元素，并升级店铺形象。新的店铺整体采用轻盈时尚的"丽人粉"设计，给消费者温柔梦幻的体验。

奥康：用事件营销、厂商联营等手段提升品牌认知度

制造事件带动产品销售。 奥康通过一个个事件将品牌传递给消费者，比如"武林门烧鞋事件""钱要翻倍花"的促销活动，吸引消费者的目光，传播奥康"质量为上"的品牌理念。

厂商联营制销售模式。 在全国各大中商场开设店中店和店中柜，提高知名度。与此同时，奥康还采取特许经营制导入连锁专卖，以改善由于原来实施"厂商联营"和"多级分销"战略而带来的成本过高和品牌效应难保障的弊端。

广告营销别出心裁。 与知名卫视合作拍连续剧，掀起品牌植入的新浪潮，让奥康这一品牌更加深入人心。

报喜鸟：特许加盟，统一品牌形象

成立之初以服装制造为主。 相继在温州、上海、合肥建成三大工业园区，创立报喜鸟高级男装品牌、宝鸟职业装品牌。

建立运作规范、网络健全的男装专卖体系。 主要经营品牌西装和衬衫等系列服饰，坚持走高档精品男装发展路线，引进专卖连锁特许加盟销售模式，形成形象统一、价格统一、服务统一、管理统一的品牌专卖店。

国美：自上而下场景融合，实体店价值再现

随着互联网红利的下降，线上平台开始向线下融合发展。国美在34年的时间里，走过了从区域连锁到全国连锁，再到区域整合的发展历程。

从立足北京到全国布局，国美开创了中国家电连锁零售的模式。这种模式不仅弥补了消费者购买家电只能去国营商场的不足，更通过连锁的优势降低了家电的价格，让家电成为大众可选的消费品。

为适应市场的变化，国美不断调整实体店策略，目前其新门店已经实现数字化的全场景融合。线上线下打通以后，更是实现了实体门店、国美 App、国美美店的"三端合一"，让实体店的价值再现。

苏宁：重塑品牌，实现转型

苏宁集团成立30多年来，不断自我迭代与革新，从起初单营空调经销业务，到现在成为中国连锁零售行业的巨头，它的发展历程正是3.0实体店连锁扩张过程的缩影，苏宁也在这个过程中完成了自身的品牌化转型。

拥抱互联网新零售时代，重塑企业品牌。2012年，苏宁开始了互联网转型之路，门店调整大幕就此拉开。常规门店中，主力大店向智慧云店升级换代，中型门店大力控亏，并以互联网思维进行O2O重塑，多模式、多层次、多业态的互联网新零售线下门店网络雏形初现。至此，苏宁的品牌重塑得以实现。

与专业的家电制造业企业相比，手握零售渠道资源的国美、苏宁进军制造业，实现企业的品牌化转型，再度将家电零售商通过"自有品牌"或"专营品牌"的模式涉足上游制造产业的计划公之于众，让实体门店价值再现。

(2)连锁加盟，渠道为王

终端，就是买产品的人和卖产品的人链接的地方，"一手交钱一手交货"的地方。店面即是终端，而中间的各级代理商只是渠道。

当今经济时代，得用户者得天下，得渠道者得天下，**归根结底，得终端者得天下**。在产业价值链上，唯有抓住关键所在，才能掌控自己的命运，才能"挟天子以令诸侯"。所以在当今时代，**企业要突围，就要挟终端以令产业！**

一个企业拥有产业链大量的终端，其目的就在于控制整个产业链。挟终端以令产业，就是产业链经济。典型的代表企业有名创优品、海澜之家，它们分别拥有 4 200 多家店和 7 000 多家实体店。海澜之家每年的销售额为 200 亿元，拥有绝对的终端优势。

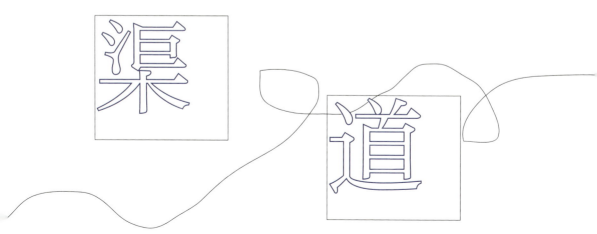

CHANGE
改变

渠道为王,终端动销

名创优品：成功关键——做好终端渠道

终端（实体店）基数大 + 大量的营业额 + 受众人群广 + 大量的分支网点等。

虽说一些具体数据及关联交易不能详述，但单从运营、营销、供应链这几方面来看，名创优品就有很多可圈可点之处。

名创优品本身的产品定位是给广大对于品质和设计感有一定追求，同时看重价格的年轻人提供一个优质的选择。可以简单理解为是在满足用户对性价比的追求的基础上，再额外提供一些好看的设计和包装，达到满足甚至超出消费者期待的效果。

名创优品的商业模式和小米有些类似，即抓住用户的本质诉求，再用高性价比和设计感来满足用户需求。只不过小米更多是在电子科技领域做了喜爱科技感也追求性价

比的男生的生意,而名创优品更多是在精品杂货领域做了喜爱精致设计且追求性价比的女生的生意。

为终端提供价格低、品质高的完美供应链。消费者购买名牌产品,其中很大一部分钱是花在了广告和品牌溢价方面。而名创优品的很多基础护肤品和化妆品的 OEM 代工厂和某些名牌一样。再加上名创优品的走量能力更强,所以其价格更低一点,这可以为名创优品的终端提供非常有竞争力的供应链。

商品好不好要看用了什么代工厂,价格贵不贵要看营销成本和品牌溢价。买一些日常用品,名创优品的质量还是相对有保证的。

企业营销要做到位。营销本质上就是企业形象和实力的美化展示,企业只需要把自己的优势转化为对消费者的优惠,并且告知消费者这一点就好。

名创优品的模式具备"优质 OEM+ 高性价比 + 设计感"的特点,所以很容易进行营销和传播。如同一个代工厂生产的产品,消费者在其他大品牌那里要花100元，在名创优品可能只需10~15元就能买到，显然多数消费者会更乐意买性价比高的产品。

名创优品全球联合创始人叶国富曾这样总结名创优品的成功秘诀：高效的商品开发能力和店铺运营能力，解决了供需错配的问题，拉近了消费者与生产端的距离，极大提升了生产、流通和交易的效率。供应商可以高枕无忧地履行订单而无须担心库存成本问题，消费者以合理的价格买到称心实惠的产品，加盟商和代理商持续收获投资回报。正因为赢得了消费者、投资人、供应商的信任，名创优品才得以发展壮大。

海澜之家：托管式加盟，标准化经营

2016年，标准普尔公布的"全球市值最高服装配饰奢侈品公司25强名单"显示，来自中国的海澜之家排名第14，市值为90多亿美元。2019年海澜之家的市值突破600亿元，超越蔻驰、普

传统店商商业模式

START

| 定位产品 | 筹备资金 | 找店面 | 装修＋买 |
| STEP1 | STEP2 | STEP3 | STEP4 |

拉达、博柏利等世界著名品牌。在服装企业业绩纷纷下滑的大环境下，A股上市公司海澜之家成为"异类"。

在许多线下零售企业纷纷做起线上销售，或是发展O2O模式时，海澜之家逆势而上，创立不到一年的时间就开店上千家，相当于平均每月开店100家以上，至2019年上半年，门店已经达到7 740家，而且还在持续开店中，每年的营业额可以达到200多亿元。

准确定位都市白领男士。海澜之家在市场细分的基础上，选择若干市场作为自己的目标市场，准确定位目标客户为25岁至45岁，年收入5万～10万元的男士。这是品牌男装市场竞争相对较小，但市场份额足够大的"蓝海"市场。

实现"高品位，中价位"的品牌理想。合理制定产品价格，坚持以获取正常利润为定价目标，同时最大限度地迎合所定位人群的心理价位。以其品牌价格优势，不断开拓终端门店市场，扩大企业的市场份额。

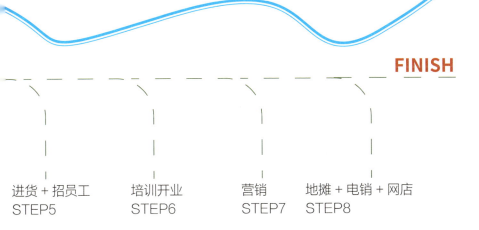

进货＋招员工　　培训开业　　　营销　　　　地摊＋电销＋网店
STEP5　　　　　STEP6　　　　STEP7　　　STEP8

实现一体化商业模式。托管式加盟，标准化经营。加盟商不参与门店管理，其商品投放、门店管理、经营方式等所有工作全部由海澜之家进行标准化管理，甚至连锁门店选址都由其确定，让后者最大限度地掌握终端门店。这种一体化的商业模式，真正做到了既连又锁，"连"住了品牌和形象，"锁"住了管理。

（3）新零售实体店的崛起

随着互联网时代的到来，电商平台作为最受市场关注的先锋力量，相互之间的竞争也愈演愈烈。但不同于以往的线上用户争夺，各大电商平台纷纷开启了线下布局。为什么这些向来以颠覆传统为发展方向的互联网平台，反而要转战它们曾经不屑的线下实体店呢？原因有以下两点。

线上流量红利消退，线下流量资源丰富

据统计，线上零售的市场规模有 4 万亿元，但是全国的零售总额有 33 万亿元，那么线下零售市场的总额就是 29 万亿元。以京东和天猫等电商巨头为例，它们属于中心化平台，线上流量的全面吃紧，导致它们不得不寻找更优惠和精准的流量。

中心化平台就是平台通过广告、渠道等方式来获取流量，然后分发

给购买流量的商家。平台获取流量也是需要成本的，获客成本越来越高之后，如果没有商家买单，对平台的生态会是致命的打击。

线上电商覆盖面有限和留存率低是大问题

线上购物，消费者对比的往往是价格。而在线下，门店和消费者是有温度的连接。门店可以通过服务和体验，给顾客带来更好的体验感，增强黏性。通过线下店，不但可以以更低的成本获取流量，还能帮助提高人群覆盖率和留存率。

线上、线下的融合是必然趋势。如果你不幸错过了传统改革开放的纯线下时代，也错过了电子商务的纯线上时代，一定不要再错过线上、线下结合的新零售时代！也就是说，未来企业要想持续发

线上流量红利消退，线下流量资源丰富

展，发展终端门店是必然选择。因为只有发展终端门店，才能为获取流量提供保障。

这是一个标准的传统店商建立的完整过程（图见 22～23 页），往往能见效但不见长效。店商建成后就是等待客户上门，一个门店三年下来，很可能出现投资 100 万元、收回 150 万元的状况，其实还不如在职场上班赚钱轻松。所以说传统店商在新零售时代很难突围。

这类传统的开店经营创业模式，不管做多少次，套路都是一样的，换的只是地址、产品，方法也基本一样。利润率、成本和营业额不知道什么时候会发生变化，可能是某个畅销产品的代理政策变化，可能是房租上涨，还可能是某一社会情况的无差别打击！当一个门店出现疲态或者进入微利期，似乎只剩下在成为"僵尸店"前止损转让这一条出路。

破局重生，新零售实体门店迅速崛起。盒马鲜生、小米之家、海澜之家、名创优品等品牌呈现出新零售门店的多种形态。

盒马鲜生：高周转率店商

以盒马鲜生为代表的高周转率店商，开店的核心逻辑是获取用户数据。以优质产品让用户产生信任，增强用户体验感，获得与用户接触的机会，从而获取用户流量，才是这类店商首要考虑的事情。

高周转率店商的首要目标就是获取庞大的流量，以互联网思维做企业。互联网公司亏损 8～10 年属于正常现象，尤其在互联网公司结合线下模式后，就变成了线下和线上共同亏损，但这种高周转率店商最大的收获在于线下流量的截获。下面以盒马鲜生的商业模式为例，带大家分析高周转率店商是如何获取用户流量的。

盒马鲜生的商业模式

在盒马鲜生，线下购物的用户同样需要下载相应的 App 再进行购买，这样不仅方便用户线下购买，也可以实现线上下单，从而将线下的用户流量引到了线上。盒马鲜生的商业模式就是典型的线上、线下相结合的新型商业模式。实现引流是这类高周转率店商的主要目的。

电商与生鲜（线上 + 线下）

新零售
这种业态的产生是大势所趋；互联网人口红利消失，互联网电商红利见顶，各大零售电商必须努力寻找新的增长点。

转型需要
受网络零售电商影响，传统零售业萎靡，线下实体店寻求转型：京东牵手永辉和沃尔玛，阿里进入银泰和苏宁，线上线下融合的趋势日渐明显。

盈利模式
生鲜产品具有非标准化、保质期短、运输过程易损耗等特点，导致电商平台模式难以获得消费者对商品品质的认同；
结合线下模式，用户可以线下直观体验，更符合大众购买生鲜的习惯；
让用户对该品牌电商的线下生鲜产品建立信任度，再逆向推进线上生鲜电商发展，获得更大的用户流量。

市场空间大
尽管国内生鲜电商众多，但盈利的较少，整体市场渗透率并不高；日用品、服装等产品的大众网购习惯已经形成，但生鲜这类刚需、高频次消费品的网购习惯并未养成，待开发的市场空间巨大。

以此类推，可以更好地理解为什么越来越多的互联网公司开始布局线下开店。实体店面是用来获取用户流量的，同时还可以凭借增加用户体验感、获取用户的信任度增强竞争力。这种看似颠覆互联网运营模式和传统店商运营模式的商业形式，实际就是为了实现自我颠覆而将两者结合，以最大程度地获取流量。

小米之家：打造高性价比大众产品路线的店商

《极简法则》里讲到："好到无与伦比，便宜到难以抗拒。"好产品是前提，便宜才是完成交易的不二法门。这里的便宜是一个相对值，让用户觉得便宜却不廉价，这就是我们常说的高性价比。

那么，究竟什么是高性价比呢？很多企业认为利润低就是高性价比，其实这是企业思维。从用户的思维角度来说，高性价比的价格是由用户说的算，然而很多企业的传统思维决定了价格由企业说的算。即使企业定的价格再合理，用户作为最终买单者不愿意，也是企业的一厢情愿罢了。

所以只有企业的定价低于用户的预期，让用户尖叫，打造令人尖叫的用户体验，就会让用户觉得很值。这也是小米历来的经营策略。

主打高品质、高性价比产品。以丰富的产品组合，提供高附加值产品服务，打造小米之家的高附加值大众产品路线。目前小米之家的产品除手机以外,还涉及影音设备、智能家居、酷玩产品、手机电脑的周边配件和生活耗材等,覆盖个人、家庭、旅行、办公等不同场景。

高附加值成就口碑转化率。小米之家保持与线上相同的价格,其附加值是提供从购买到维修、退换货、硬件检测、咨询体验、软件升级等一条龙服务。消费者在体验过程中不仅能试用产品,还可以找专人咨询。更重要的是,在体验的过程中,消费者不知不觉能接收到小米之家传递的理念和文化,并产生认同感,这些都是线上很难达到的效果。

周导
如是说

如果想要企业的商业模式成立并实现可持续发展,控制终端门店是必然的选择,因为只有控制终端门店,才能为流量提供保障!

真正的竞争归根结底是终端的竞争,如果把能接触到用户的地方理解为终端,那么要科学地整合、建设好这些终端,从以上成功企业的案例可以得出一个结论:当前真正能生存下来并持续发展的终端形态主要有三种:高性价比、高附加值、获得庞大的用户数。

终端可以为企业找到更多的客户。所以发展终端,找到更多的人帮企业去卖产品,就成为企业制胜的关键!如果真正理解了实体,会发现电子商务和微商的原理是一样的,即发展更多的终端。

本章图说

挟终端以令产业：
实体店主必知的门店发展历程

1.0 实体店——供销社

- "守株待兔"式的供销社
- 发挥基层网点优势，提升七个模块用户体验

满意度
- 有用性
- 可找到
- 可用性
- 可获得
- 有价值
- 可靠性

2.0 实体店——

2.0 实体店发展的三
- 商业改造和百货业
- 大型超市和大卖场
- 超级购物中心

2.0 实体店的三大
- 多业态的综合体
- 多功能的融合体
- 体验式购物

物中心 / 百货大楼　　**3.0 实体店——连锁加盟**

制造工厂品牌化与连锁经营并举

明确消费者群体需求
做好自主品牌的定位
组织好品牌营销环节

连锁加盟，渠道为王

新零售实体店的崛起

线上流量枯竭，线下流量资源丰富
线上电商覆盖面有限和留存率低是大问题

纯销售模式
租售并举模式
纯物业经营模式

第二章 | 33

大师说

乔布斯：你不能只问顾客要什么

"你想卖一辈子糖水，还是跟我一起改变世界？"这是乔布斯说服时任百事总裁加入苹果公司的超级桥段，很多人都从这短短的一句话里看到了乔布斯极具现实扭曲力的口才。当我们深入地了解乔布斯建立的苹果品牌后，会发现他所建立的品牌规则是真的了不起。

乔布斯曾说过这样一句话：不要问消费者想要什么，一个企业真正的目标就是去创造那些消费者需要但无法形容和表达的需求。

乔布斯不但是这样说的，也是这样做的。他想表达的并不是不尊重用户需求，而恰恰相反，是探索和创造用户需求，将满足用户需求贯穿于产品研发和企业经营的整个过程中。

未来店商的五新趋势

- 新零售
  - 线上
  - 线下
  - → 双线融合

- 新金融
  - 20% 头部企业
  - 80% 未得到金融支持的企业式个人
  - → 普惠金融

- 新制造
  - B2C
  - C2B
  - → 反向定制

- 新技术
  - 互联网
  - 物联网
  - → 人（心）联网

- 新能源
  - 资源
  - 数据
  - → 挖掘需求

在上个经济时代，企业只要做好产品、营销和管理就能赚钱。而在当今经济环境下，企业要赚钱、要发展，单靠传统经营方式已经远远不够，还必须了解店商的发展趋势。因为今天的外在环境已经发生了变化，其中最大的变化就是流量枯竭。

针对流量枯竭的市场现状，2017年7月11日，马云发内部信宣布阿里巴巴成立"五新"执行委员会，由阿里巴巴集团CEO张勇担任委员会主席，时任蚂蚁金服集团CEO井贤栋出任副主席。马云提出的"五新"，指的是新零售、新金融、新制造、新技术、新能源。

"五新"将重新定义很多产业和行业，给社会的方方面面带来巨大影响。

01 新零售——开辟新实体店经营路径

大数据揭秘新零售时代

过去的零售是线上归线上，线下归线下，而**新零售则是线上线下与现代物流结合在一起创造出来的新的零售业**，这个模式将会对纯电商和纯线下门店带来冲击，未来或将取代电子商务这一概念。

【数据透析】 曾有相关数据显示，全国零售总额约为 33 万亿元，其中线下零售市场总额为 29 万亿元，所以很多商家开始把目光转向线下，因为他们发现大部分人还是习惯在线下购物。由此，新零售应运而生。

阿里巴巴是如何实施新零售战略的？

阿里巴巴通过收购大润发，完成了天猫和大润发的融合；接着收购了银泰，完成了淘宝、天猫和银泰的融合；自己还开了一家盒马鲜生，打造线上线下融合模式。

同样投身新零售时代的商家，还有知名企业京东、小米和三只松鼠等。

京东：由线上京东向线下 100 万家门店冲锋

2017 年，京东宣布线下要开 1 万家家电专卖店、100 万家便利店。要知道，全国一共才 2 000 多个县城，算下来每个县城要开大约 4 家专卖店！至于便利店，到目前为止，全球最大的连锁便利店 7-ELEVEn 总共才有七八万家店，而京东要开 100 万家店，这就意味着平均每天大概要开 1 000 家店。京东平台上的货品应有尽有，且线下有强大的物流体系，所以京东选择布局线下是重大战略决策。

小米：结合互联网的新"铁人三项"

小米过去的策略是"铁人三项"，即硬件、软件和互联网服务。硬件就是手机、电视，软件就是小米操作系统，互联网服务则包括阅读、电影、电视、金融服务等。但在传统模式竞争下，小米很快就在OPPO和vivo等众多同类企业的强烈攻势中败下阵来。

2012年，小米重新调整了"铁人三项"。硬件、软件和互联网服务合在了一起，另外又进军新零售，这使得小米从过去的纯电子商务企业，转变为现在线上线下相融合的模式。

小米最初的目标是开1 000家店，每一家做到营收数亿元，最后实现1 000亿元线下营收。后来目标改成了开2 000家店，要通过线下新零售实现2 000亿元的营收。所以2012年后，面对小米营收的反弹式增长，雷军曾骄傲地说："全球卖手机的公司，没有任何一家能够做到业绩下滑之后再反弹的。摩托罗拉没做到，诺基亚没做到，HTC没做到，我们小米做到了！"

三只松鼠：发展线下门店，反引导线上消费

线上销售额做到50亿元的时候，三只松鼠就在探索将销售额从50亿元做到100亿元的方法和途径。最后得出与京东和小米同样的结论：不能纯靠电子商务，要走线上线下相融合的新零售道路。

于是，三只松鼠调整策略，计划线下开1 000家店，每家店的营收目标1 000万元，这样就可以通过线下提升100亿元的业绩。所以三只松鼠的突破口不是在线上，而是在线下。而通过培养线下客户的消费习惯，将之全部引导至线上消费，还可以再延伸贡献 50 亿元业绩。这就是三只松鼠从 50 亿元向 200 亿元的发展路径。

从上面的几个例子可以看出，当线上流量走向枯竭，寻求线上与线下的融合是企业在当今时代成功突围的关键环节。这里一直强调融合，而不是单纯做线上或者一味地发展线下，有如下两点原因。

其一，互联网对线下店的冲击很大，单纯走线下很可能导致成本投入过高，但利润却很低。

其二，线上流量走向枯竭，唯有发展线下流量并引流至线上，才能做到最大限度地引来客流量，留住客户。

回到阿里巴巴的案例，从它的使命可以清晰地看到它的过去和未来的发展方向。阿里巴巴的使命分为三个阶段：第一个阶段是让"天上"没有难做的生意，"天上"就是电子商务；第二个阶段是新零售时代，马云的说法变成了"电子商务已经结束，未来只有线上线下融合的新零售"；第三个阶段才是"让天下没有难做的生意"。

**周导
如是说**

新零售并不是实体门店的春天，唯有线上线下融合的新零售形式，才能给企业带来真正的春天；新零售也不是电子商务的寒冬腊月，唯有实现线下引流至线上，才能带着企业走出寒冬腊月！

02 新金融——让金融普惠化

普惠式金融完美诠释新金融时代

金融业过去是"二八理论",未来是"八二理论",即如何支持80%的中小企业和年轻人将成为金融业的重点。互联网金融会使金融业变得更加透明、更加公平。新金融是指基于数据的互联网金融,是真正的普惠式金融。

互联网金融时代让80%没有被关注的中小企业和个体户能够得到充分服务。只要你的信用足够,就可以获得资金的支持。

京东金融：用金融服务用户，让生活和生产变得更美好

成立之初——对标支付宝

2012年10月，京东集团全资收购第三方支付公司网银在线。2013年10月，京东金融上线了自己开发的第一批产品：京东小金库、小白理财。2017年1月，京东金融旗下的网银在线与中国银联合作，成为中国银联收单机构。2017年，京东金融将小金库账户一户变两户，推出"零用钱"和"理财金"。

京东金融爆款产品——京东白条问世

京东金融的创新产品——京东白条，取得了巨大成功。京东白条是信用消费分期产品，它和信用卡服务类似：先消费，后付款。由于国内信用卡渗透率低，覆盖的用户范围非常有限，而白条产品上线后，满足了众多没有信用卡的消费者超前消费的需求，因而非常受欢迎，并成为京东金融的爆款产品。

京东众筹——国内众筹行业的领头羊

2014年,京东金融开始做众筹。在国内,京东是最早开始做众筹的一批平台。京东众筹成功的最主要原因有两个:一是京东金融的重资产供应链模式,使京东金融在供应链上游有较大的影响力;二是京东众筹团队成功找到了将产品众筹与京东集团产业链相结合的商业模式。

定位金融科技——开启与金融机构合作之路

2015年6月,京东金融投资ZestFinance(美国金融科技公司),将ZestFinance信用审核模型用到京东金融的风控体系中,作为京东金融征信业务的补充。2015年8月,京东金融最先与中信达成信用卡方面的合作,推出白条联名卡(小白卡),即京东金融与中信银行合作推出的信用卡。2015年10月,京东金融提出金融科技的定位。2016年9月,京东金融成立金融科技事业部,开始向金融机构输出技术,奠定了京东金融后来财富管理的业务模式基础:连接金融机构和投资者。

京东金融开始独立运营

2017年4月，京东金融从京东集团独立出来运营，这是京东金融做大做强的体现，意味着其在战略决策上可以有更大的自主权，也为将来独立上市做准备。截至2018年1月14日，已有10家中小型银行、10家证券公司、11家保险公司、25家基金公司、3家信托公司入驻"京东行家"。

京东金融实现单季盈利

2018年1月11日，刘强东发出致京东全员的内部信，称独立运营的京东金融2017年实现了单季盈利。京东金融坚持以数据为基础，以技术为手段，为金融机构在场景拓展、获客、运营、风控和研发等核心价值环节提供服务，为金融机构创造数字化和全场景化的核心价值，推动"无界金融"的实现。

京东金融的未来

未来，京东金融将继续争取含金量更高的证券、保险、银行等牌照，与蚂蚁金服、腾讯金融、百度金融的竞争仍将激烈。京东金融将为京东提供更多的利润来源，正如刘强东所说，京东未来利润的70%将来自于京东金融。

新金融带来了很多便利，第一个是支付便捷，第二个是转账便利，第三个是取钱，第四个是贷款，第五个是分期。前面三点好处都只是服务，真正的主要盈利点在贷款和分期。相信未来十年，新金融体系一定会有巨大发展，信用能变成财富。

03 新制造——衍生新工业生态

信息科技为新制造时代赋能

新制造，从概念上来讲，就是最近几年提出的智能制造、工业4.0等，即按需定制生产，用信息科技让生产更加个性化、定制化和智能化。所有的企业都是根据顾客提供的订单进行定制化生产，不再有库存。未来的制造业靠的是数据，数据将成为制造业必不可少的生产资料。

新制造是制造业和服务业的完美结合，它的竞争力不在于制造本身，而在于制造背后的创造思想、体验、感受以及服务。

【信息流】

信息流的定义有广义和狭义之分。广义的信息流指在空间和时间上向同一方向运动过程中的一组信息，它们有共同的信息源和信息的接收者，即由一个信息源向另一个单位传递的全部信息的集合。狭义的信息流指信息的传递运动，这种传递运动是在现代信息技术研究、发展、应用的条件中，信息按照一定要求通过一定渠道进行的。

在社会经济生活中，随着商流、物流与资金流的分离，信息流的作用越来越重要，主要体现在沟通连接、引导调控、辅助决策以及经济增值等方面。

【BtoC】

BtoC 即 B2C（Business to Customer），Business 意思是企业，2 则是 to 的谐音，Customer 意思是消费者。BtoC 是电子商务按交易对象分类中的一种，表示企业对消费者的电子商务形式。

【CtoB】

CtoB 是电子商务模式的一种，即消费者对企业（Customer to Business），最先从美国流行起来。CtoB 模式的核心是从消费者到企业，消费者可以根据自己的需要提出产品需求，最终形成大数据模型。比如，消费者需要的鞋子的样式，消费者长期购物形成的大数据已经是共享数据，可以传递给企业。

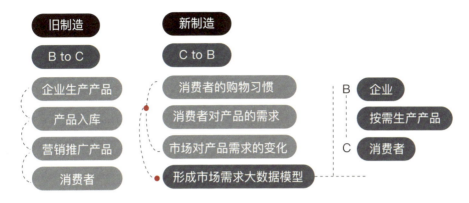

旧制造与新制造的对比

UR：定制模式

近年来崛起的国牌快时尚之光 UR，是全球为数不多应用快速时尚（FastFashion）模式进行领先运营的品牌，创立之初的所有运营和管理均以快时尚 DNA 为核心进行探索和发展，品牌以奢华大店、产品丰富、更新快速和价格实惠为定位，突出产品主导一切的经营理念，并以建构全球快时尚领导品牌作为战略目标，率先推行崭新的快时尚概念。UR 之所以成功，就在于它的商业创新模式：个性化、定制化、打造信息流。

UR 追求的是满足客户的需要，而不是认为整个行业的准则就是最正确的准则。

UR 商业创新模式——UR 针对中国人的身材和消费喜好度会有更定制化的设计

锁定个性化，把控消费潮流。UR 的成功最重要的因素在于它锁定了个性化消费需求，把握了个性化消费的潮流，以"感官享悦，玩味时尚"作为品牌理念，突破传统快时尚思维，打造"轻奢快时尚"品牌定位。与传统行业里大规模生产的同质化产品只能依靠廉价来吸引消费者不同，UR 考虑的是部分消费者对于满足自己个性化需求的产品是愿意付高价的，而这部分消费者正是 UR 瞄准的客户对象。

更定制化的设计。UR 针对中国人的身材和消费喜好度会有更定制化的设计，包括裁剪、设计和颜色等多个方面。一些特别设计的款式在细节方面更丰富，这更符合东方女性的审美喜好。从中国消费者的喜好度和身材方面来讲，东方人对衣服的裁剪和颜色等细节方面要求更高，中国女性穿欧洲的大廓形服装不太容易穿出效果，而 UR 服装就不存在这样的问题。

设计前沿，紧跟潮流。UR 从成立那天开始，就是一个国际团队合力打造的品牌，包括 UR 品牌的起源也是法国团队一起创意设计出来的，现在的设计经理都是法国人，产品设计都是法国等多家知名设计顾问公司与全球买手团队联手设计研发的成果，所以每一件 UR 的服装都拥有最新的潮流、稀有的数量、优良的品质、独特的品位，这也是 UR 深受消费者喜爱的重要原因。

极速供应链系统保证了更快的货品更新速度。UR 一个款从设计到生产到门店上架最快是 10 天，在换货率这一点上，UR 是快时尚品牌里面最快的。在国内市场上，每周都有 100 多款新品上架，但是整个 1000 平米的卖场货品（大概 800—1000SKU 满场），基本上两个月时间就能全部调换完。

UR 极速的供应链管理系统，确保了货品的快速采购与生产、快速配送与调配、快速销售与反馈，整个供应链的高效运转，实现了 7 天的全球领先前导时间、每周每店两次货品更新、每年推出上万款新品，让消费者第一时间触达时尚。

宝马汽车：个性化定制

每个人都相信自己是独一无二的，事实也是如此，就像世界上没有两片完全相同的树叶。与之相反，流水线生产出来的产品却是别无二致的，一方面这是对品质的保证，另一方面，这也是为什么在满足了功能需求之余，人们更加欣赏私人定制的独特。

身兼宝马个性化定制部门与宝马 M 公司掌门人的 Frank 这样分享在他心里宝马的"精准与诗意"：与其说宝马个性化定制部门是凭借精湛工艺为客户的个性化想法提供量身定制解决方案，倒不如说这是一种态度的体现，最大程度地以客户为中心，帮助他们梦想成真。

对宝马个性化部门来说，定制的意义不仅在于帮助客户把梦想座驾带入现实，更多的是在不断挑战创新的基准和灵感。现有的车型在宝马个性化部门中

就像是一张白纸,产品部门要做的是依靠客户为导向的理念和绝对的信心,打造一台绝无仅有的汽车,每一个独特的设计都始于客户。

这样的个性定制化服务体验,也预示着全球自动化销售市场的未来:消费者购买商品时,将体验到便捷、人性化的定制化服务。

> **小知识:云平台和大数据**
>
> 未来的终极商业模式,一个叫作云,一个叫作端。云就是云品牌、大数据;端是指门店,但这里的门店还包括微信、手机、电视机、车、手表、眼镜等任何可以联网的事物。所有的商业模式的终极状态就叫云和端,统称云端。

04 新技术——成就新的商业模式

新技术为市场注入新活力

新技术是来自于5G、6G时代到来后的全面物联时代，AI人工智能、区块链、物联网技术全面融合，从以PC（个人计算机）为主的芯片变成了以移动互联网为中心，基于大数据、云计算的新技术会层出不穷，并将改变人类生产、生活的方方面面。

新技术可以成就新的商业模式，进而催生很多行业。每个技术的诞生，最终都要归结到服务人类生活中去，归结到服务产业发展中去。正如现代媒体的不断演变，是为了让人们获取信息的途径更加多元化和简单便捷，广告的不断细分是为了让企业投放更精准、转化率更高。

① 新技术将给未来商品市场带来怎样的变化？

波士顿咨询公司（Boston Consulting Group）的一份报告显示，实施个性化策略的零售商的销售额增速为6%～10%，比其他零售商快2～3倍。根据信息技术公司 Accenture（埃森哲）的统计，到 2035 年，批发和零售行业的利润率可以提升至59%。

当前而言，用于新零售、新金融的云计算、大数据、人工智能、VR（虚拟现实）技术、移动互联网及物联网的相关技术，都是在为"五新"创造条件。也正是因为这些技术上的突破，才能出现当前的"五新"。新技术是"五新"的基础之一，它具有催化剂的作用，即让新经济形态得以快速实现。

② 从人脸识别、汽车无人驾驶、未来酒店、教育领域人工智能的应用上，感受新技术的"魔力"。

人脸识别：让金融交易更高效、安全

人脸识别在金融交易领域的应用场景主要包括人脸识别存取款、电子银行远程开户、在线网络支付等。人脸识别系统将用户面部生物数据与数据库中的账户信息匹配，短时间内即可快速完成身份确认和交易流程。

无人驾驶汽车：智能科技改变人类交通出行方式

无人驾驶汽车是智能汽车的一种，也称为轮式移动机器人，是通过车载传感系统感知道路环境，自动规划行车路线并控制车辆到达预定目标的智能汽车。利用车载传感器来感知车辆周围环境，并根据所获得的道路、车辆位置和障碍物信息，控制车辆的转向和速度，使车辆安全、可靠地在道路上行驶。

阿里未来酒店：颠覆传统服务模式

当很多人还在为迪拜七星级酒店的奢华而感叹时，阿里巴巴却用一个科技感十足的"未来酒店"吸引了人们的眼球。

在美丽的中国杭州，阿里巴巴打造了全球第一家"未来酒店"。与传统酒店大不相同，这里没有一个工作人员，从入住、订餐到退房等一系列服务，全部由智能机器人完成。

消费者抵达酒店，机器人通过人脸识别技术，记住消费者样貌，随后引导消费者到"自助入住机"进行入住登记。这个"自助入住机"具有自动识别身份证、护照等 26 种证件的功能，消费者只需拿出有效证件，便可通过人脸识别技术办理自动入住。

与此同时，消费者还可以在阿里未来酒店的客房内体验到各种智能家居带来的便捷。

阿里未来酒店颠覆了传统的服务模式，让人们提前体验到了未来世界的智能化生活。未来世界的程序化工作将被机器取代，这就是新技术给人们的生活带来的改变。

教育智能化：提升教学效果

除了应用于各种重大考试中来防止舞弊，人脸识别技术也可以应用于课堂签到、课堂效果监测等方面。在课堂上运用人脸识别技术，通过对学生的面部表情进行识别，根据学生的情绪表现监测分析，可以进一步提升教学效果。

卡内基梅隆大学（CMU）的研究人员曾展示过一套全面的实时传感系统 EduSense。该系统使用两个壁挂式摄像头（一个对着学生，一个对着老师），摄像头可以看到教室中的每个人，并自动识别信息，还可以对视频和音频进行分析。

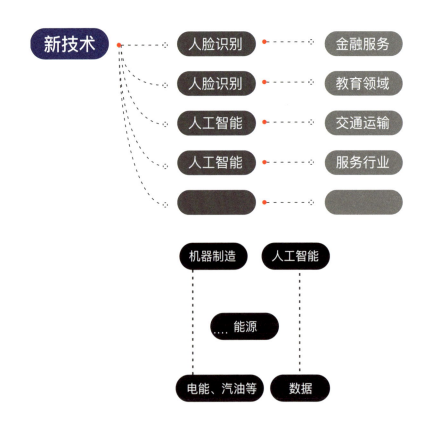

AI
人工智能

05 新能源——进入全新数据化时代

新能源驱动产业朝向互联网、新制造方向发展

① "五新"战略的关键是新技术和新能源的结合

2018年9月19日,阿里巴巴CEO张勇在云栖大会演讲中表示,近年来阿里提出的"五新"战略中,新技术是引擎,只有将新能源和新技术完美结合,才能真正驱动我们走向产业互联网、新制造的世界。

那么,新能源到底是什么呢?

过去的能源更多的是指电、石油等,而未来的能源则是数据,即未来的大数据才是人类自己创造的一种新能源。比如,未来的电动汽车使用的自动驾驶技术,之所以具有较高的安全性,是因为其结合了无数司机的驾驶经验数据,可以依据不同的场景处理紧急情况。

阿里巴巴:数据的王国,进击的巨人

2017年,阿里的商业容量就已经超过4.8万亿元,即将达到三年1万亿美元的近期目标。阿里巴巴在全球超过10个国家发展本地钱包,物流基础设施每天服务上亿个包裹,阿里云技术支撑着数以百万计的企

业在平台上进行创新,已经形成了一个全方位的数字经济体。

阿里业务的特点可以用"数据的王国,进击的巨人"来概括。数据是阿里作为平台型电商起家的核心优势,也是阿里向新零售过渡的必要环节;进击主要体现在阿里在人群、地域、服务领域的持续扩张。

新零售的核心逻辑是搜集用户的行为数据,而利用这些数据完成用户画像才是阿里的真正目的。这样既可以帮助阿里提升核心电商业务的广告效率,也可以帮助线下改造门店品类,提高库存周转率。

② 利用新能源——数据，提升匹配效率

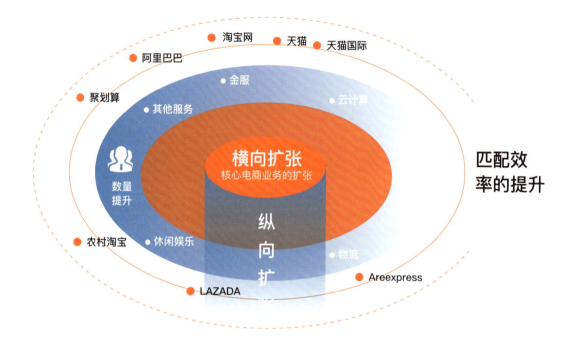

以新能源（数据）为基础建立商业生态圈

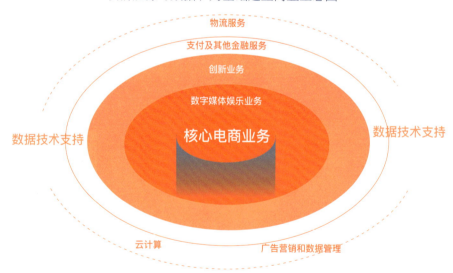

"大数据+AI"赋能教育行业

大数据与AI可以帮助轻松实现自适应教育与个性化教学。在教学方式方面，智慧课堂可以为老师提供更为丰富的教学手段，全时互动、以学定教。老师上课时也不再是只用教科书，而是可以根据需要调取后台海量的优质学习资源，以多种形式在教学过程中展现给学生。

比如，对于某个英语句子，可以用手机拍照上传到云端，系统会根据海量的语音素材，用合适的语气和语调进行阅读，还可以与语音测评技术结合，让学生跟读句子，并由系统进行测评，还可以反复朗读打分。

在教学过程中，通过收集和分析学生日常学习和完成作业过程中产生的数据，老师能准确知晓每个学生对知识点的掌握情况，为每一位学生有针对性地布置作业，达到因材施教的目的。

同时，通过虚拟现实技术、增强现实技术与大数据的珠联璧合，尽可能还原教育场景，让学生爱学、乐学，使其学习效果产生质的飞跃。以谷歌为例，其通过引入AR与VR技术，创造教学应用"实境教学"，正在悄然改变课堂的活动方式。

周导 如是说

大数据无所不知、无所不能、无处不在。通过大数据可以随时掌握消费者的各种需求，甚至连消费者自己都不知道的需求，大数据都可以推算出来。

③"五新"将给现代生活、当代商业带来什么？

"现在才是颠覆性重洗的真正开始，接下来的技术革命将完全是颠覆性的，几乎会在各个领域发生，而且从书上找不到答案。"这是马云对未来的推测，也是他对现在这个时代的描述。以制造业和服务业为例，颠覆以往的市场竞争模式将会发生怎样的变化？

未来，制造业是谁最早采用人工智能、大数据、机器人、无人化，谁就可能胜出。未来，真正优秀的服务业一定是制造业。阿里巴巴就是制造业，它制造大量的数据、技术、工程设计等，以适应新的市场竞争模式。

对全世界而言，未来几十年，最大的机会就是中国经济将在新一轮技术革命里更快速地崛起，最大的挑战则是如何适应中国经济的快速崛起。

"五新"模式将重新定义很多产业和行业。 这将给社会的方方面面带来巨大影响，还会切实推进新供给侧的建设，促进中国消费市场，从而推动新的开放市场空间的建成；激发微观主体创新、创业和创造的潜能，从而找到新的供给，刺激需求，实现可持续的经济增长。这也正是"五新"激发整个商业创新的趋势。

消费者的日常生活已经开始被"五新"改变。 过去消费者购物只能去超市或者百货商场，淘宝和天猫出现后，消费者只要动动手指，就能享受送货上门服务。过去消费者去超市，只能购买商品，而今随着盒马鲜生这一新业态的出现，消费者买完食品后，可以现场加工，直接坐在店内享用。

NEW
"五新"

新经济

新商业

新模式

新渠道

新用户

周导如是说

新零售、新制造、新金融、新技术和新能源是未来店商的全新发展趋势,我们终将迎来属于全人类的"五新"时代。而对于企业来说,也将迎来"五新"模式,即新经济、新商业、新模式、新渠道、新用户。

新经济即实体经济和虚拟经济相结合的经济,也就是说,未来店商必将是线上与线下相结合的新零售模式。

新商业由新经济时代带来,将给未来企业带来巨大的发展机会,这个机会叫作新商业机会。过去企业盈利的机会主要在消费市场,今天则主要在创业市场。

新模式是企业在新经济时代必须具备的一套模式,其主要目的不再是盈利,而是帮助、扶持他人做好实体店。

新渠道实现新模式,将传统渠道进化为新渠道,简单来讲就是从单一、专业的渠道发展为多元、跨行业的渠道。

新用户是新经济时代赋予用户的更广泛的含义,新用户的范围从准顾客扩大到非顾客,从消费者转变成介绍者、合伙人、销售者。

本章图说

在互联网时代崛起的新零售
——"五新"趋势对实体产业造成的冲击

新零售——开辟新实体店经营路径

过去的零售是线上归线上，线下归线下，而新零售则是线上线下与现代物流结合在一起创造出来的新的零售业

新金融——让金融普惠化

普惠式金融完美诠释新金融时代

新金融带来的便利

第一个便利是支付
第二个便利是转账
第三个便利是取钱
第四个便利是贷款
第五个便利是分期

新制造—

信息科

信息池
BtoC
CtoB

新工业生态　　新技术——成就新的商业模式　　新能源——进入全新数据化时代

造时代赋能　　新技术为市场注入新活力　　新能源驱动产业朝向互联网、新制造方向发展

FUTURE

第三章

三种未来实体店的生存方式

大师说

稻盛和夫：竞争激烈的商业社会，经营者应追求利他

在《活法》一书中，稻盛和夫开宗明义地指出"利他本来就是经商的原点"，他表示："求利之心是人开展事业和各种活动的原动力。因此，大家都想赚钱，这种'欲望'无可厚非。但这种欲望不可停留在单纯利己的范围之内，也要考虑别人，要把单纯的私欲提升到追求公益的'大欲'的层次上。"

面对利己的竞争者，利他者应该如何应对？稻盛和夫给出的答案是：付出不亚于任何人的努力！别人做到一，你就做到五甚至是十，这样就会弥补利他的"不足"，从而取得成功。

随着社会经济的不断发展和科学技术的不断进步，越来越多的商家开始利用大数据挖掘用户需求，确定产品定位，更加精准地制定销售目标，最终达成产品销售目的。对比传统营销过程可以看出，大数据深度挖掘用户需求，可以解决传统营销中发现目标客户困难、消费者需求认定模糊等问题。未来将形成以用户为核心的三种实体店生存方式，即高性价比店商、品牌（个性化）店商及互联网打造的实体店商。

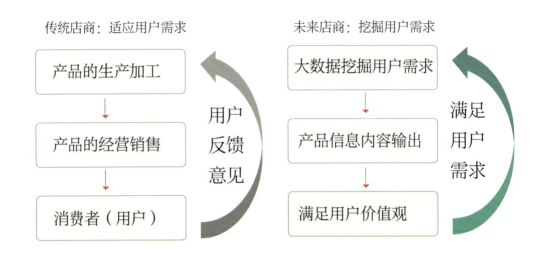

01 高性价比店商，获取更多用户

以量取胜的核心是获取更多的客户

企业想要建立商业模式，实现可持续发展，首要任务就是控制其终端门店。只有控制终端门店，才能为商流提供保障。控制终端门店，实现以量取胜，首先要明确到底谁才是真正的客户。

娃哈哈：消费者才是用户

以娃哈哈集团的产销过程为例，明确只有消费者才是真正的客户。

从娃哈哈进货2 000万元，把产品从娃哈哈的仓库搬运到自己的仓库

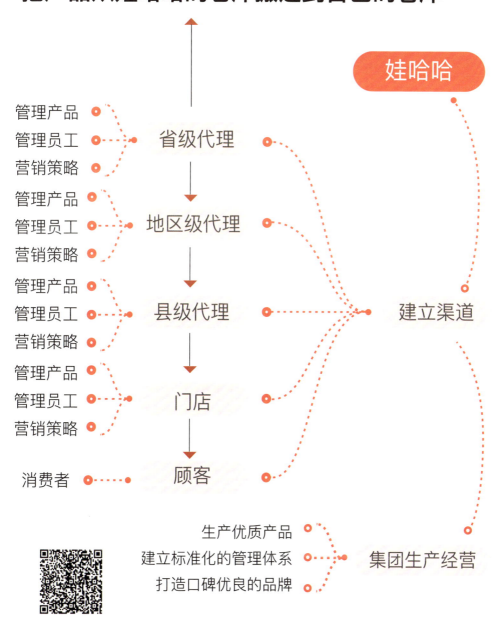

从商业本质上来讲，客户需要被重新认知和定义，并不是"谁给我钱，谁就是我的客户"。在整个产业链里，真正的客户只有消费者。

唯有商品到达消费者手中，完成商品买卖过程，真正的客户才算出现，即消费者就此产生。而商品在各代理商手中或者仓库存储的过程中，其实都未曾接触到消费者，唯有终端门店可以最直接地接触到消费者。

当代伟大的竞争战略大师迈克尔·波特早在20世纪80年代就提出了三大竞争战略，其中之一就是贴近消费者。

阿里巴巴：培养更多人学会做电子商务，来吸引更多的用户

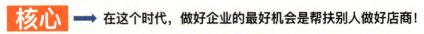

在阿里巴巴，内部管理很重要、系统建设很重要、营销很重要、文化价值观很重要，但最重要的还是教会别人做电子商务。谁能帮它卖货，它就要教会谁这些重要的事情。

阿里巴巴的经营模式

便捷的信息发布与管理；
符合中国国情的支付工具；
完善的评价体系。

产品策略

随着网络点击量的增加，其知名度也不断提高，迅速提升阿里巴巴的品牌价值。

品牌策略

便于获取消费者的反馈意见，
便于消费者相互交流，
提供网络即时沟通工具。

服务策略

成立之初为会员提供免费注册与免费获取信息的服务，迅速抢先占领市场。

价格策略

定位于全球市场，面对全球不同语言、文化和传统的市场推出不同网站。

渠道策略

培养更多的人利用这五大策略去做电子商务

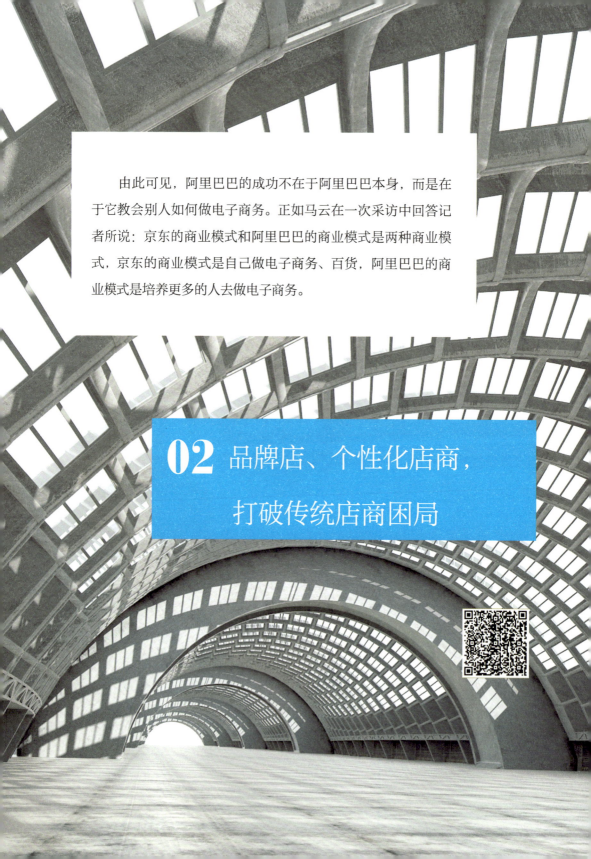

由此可见,阿里巴巴的成功不在于阿里巴巴本身,而是在于它教会别人如何做电子商务。正如马云在一次采访中回答记者所说:京东的商业模式和阿里巴巴的商业模式是两种商业模式,京东的商业模式是自己做电子商务、百货,阿里巴巴的商业模式是培养更多的人去做电子商务。

02 品牌店、个性化店商,打破传统店商困局

传统店商铁三角 vs 当代店商金三角

更关注客户 / 用户需求

铁三角：产品 + 管理 + 营销

传统店商经营模式，一直把时间、精力花费在产品、管理、营销等方面。要做的事情做不好，企业就会衰亡；反过来，做好了，企业经营的状态未必就一定好。所以，产品、管理、营销只是企业经营的标配。

金三角：融资 + 模式 + 招商

对今天的传统企业来说，真正可以帮助企业盈利的是模式，还有融资和招商两条通路，由"模式、融资和招商"三个元素构成了"金三角"。企业建立了自己的"金三角"，就是通过建立渠道和获取用户来实现盈利；做融资就是将人才和资源融到企业中来；做招商就是招有渠道或用户的人合作。

传统店商的症结：寻求内部突破，以产品为中心

传统店商

项目	分类	举措
门店建设	人员、货品、场景	人员培训、进货、选址
经营管理	业绩提升、员工、事务	企业的经营管理工作
业绩提升	客流量、客单价、客频次	想办法提升这三个变量
促销活动	吸引顾客、引导顾客消费、锁定顾客	利用促销活动吸引顾客消费，并引导顾客再次消费
产品管理	畅销款、平销款、滞销款	做好产品归类，让每一类产品都有销路
顾客管理	高端顾客、中端顾客、低端顾客	应用8020法则

传统店商一直在寻求内部突破，即以产品为中心，以管理和营销为手段的传统正向盈利逻辑。它们会将大量的时间和精力放在产品、管理和营销上面，如果这几个方面哪个方面没有做好，那么企业就会衰亡，即使都做好了，企业经营也未必一定好。所以我们一再强调：传统店商盈利的"铁三角"只能作为现代企业的标配，却不一定能带给企业空前的利润。

为了打破传统店商的困局，
未来店商又出现了新的生存方式：
品牌店、个性化店商。

路易威登：品牌路线

路易威登注重运用讲故事的方式进行营销，在企业 160 多年的发展历程中，讲述了一系列有关旅行的故事，日渐塑造了路易威登品牌的旅行哲学——追求精致、品质、舒适，使得"旅行"成为品牌独有的代名词。

路易威登的品牌营销特点：

主题定位精准。主题"旅行"的定位巧妙结合了路易威登品牌的历史和产品，创始人路易·威登早期只身一人来到巴黎开始创业的故事与路易威登推出的各大系列产品的理念完美结合，在两者之间建立起天然的良好连接点——旅行。

品牌故事内容充实。路易威登的每一件产品背后都藏着一个故事，这些产品故事不断充实着品牌故事的内容，共同构成了路易威登的故事体系。

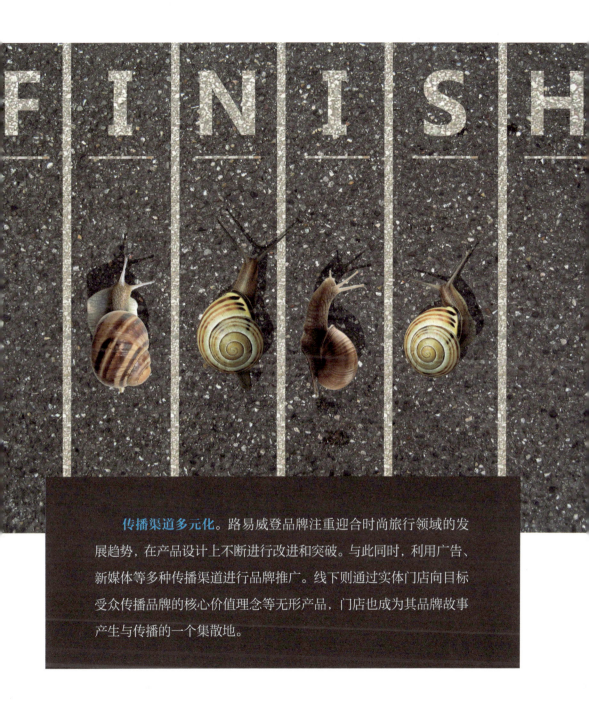

传播渠道多元化。路易威登品牌注重迎合时尚旅行领域的发展趋势，在产品设计上不断进行改进和突破。与此同时，利用广告、新媒体等多种传播渠道进行品牌推广。线下则通过实体门店向目标受众传播品牌的核心价值理念等无形产品，门店也成为其品牌故事产生与传播的一个集散地。

无印良品：没有印上品牌标志的好物品

在都市生活都被贴上标签的今天，无印良品反其道而行，主打"No Brand"，用一种"悖论"的商业模式在主流市场里开辟出了一条全新的商业道路。

商品品类：日常用品为主，如服饰、文具、厨具等。
品牌形象：提倡自然、简约、环保和以人为本。

竞争优势：

主打"无印"。拿掉一切不必要的标签、花哨的装饰，只留下产品功能本身，让消费者用心感受产品材质、功能的优秀。独树一帜的商业模式和设计理念，使无印良品拥有很强的竞争力和影响力，也让它在国际上有了一席之地。

注重消费者体验。秉承"简洁质朴、返璞归真"的设计理念，无印良品在众多潮流品牌中脱颖而出。它注重消费者的体验，崇尚自然，平实好用，以人为本，带给消费者巨大的安心感，因此在市场上越来越受欢迎。

无印良品 MUJI 的 4P 模式 + 两大悖论

产品 (Product)	质量高，产品种类几乎涵盖日常生活的所有方面； 产品无明显性别、年龄偏向，适合人群广泛； 提倡环保，无过度包装或装饰，更具特色	无印良品的两大悖论： 悖论一："无牌胜有牌"：这让无印良品在最大程度上实现了品牌差异化； 悖论二："品牌无限制延伸"，在品牌不断聚焦的年代，无印良品却反其道而行之，商品种类达 5 000 种以上。
价格 (Price)	价格比同类大品牌产品更加优惠，平民的价格可买到较高品质的产品	
渠道 (Place)	"触角多元化"的渠道组合模式，从视觉与触觉的日杂用品，延伸到嗅觉与味觉的花店、咖啡店与食品。针对与消费者不同的生活接触点，触发相对应的多元化渠道组合模式	
促销 (Promotion)	"产品驱动型"促销推广模式，以产品促销产品，让消费者传播给消费者	

不管是打造自己品牌路线的路易威登，还是反其道而行之的无印良品，从它们身上都可以清晰地看到传统店商的一些变化，它们在原来只寻求内部突破的商业模式下，转为寻求外部条件的升级，更加关注客户需求，并采用更新颖的商品促销形式。

很多人说"开店容易，守店难"，但其实守店也不难，难的是如何盈利。要想盈利，就必须了解店商的发展趋势，适应当今市场竞争环境，从而转变思路，适时而发！店商的未来——"五新"趋势，正向我们走来！

**周导
如是说**

今天的成功源于昨天的布局，今天的布局造就明天的辉煌！

NEW RETAIL

03 互联网打造新零售生态

新零售生态下，网络、设备、平台、支付、物流、数据、金融、云计算等都成了基础服务，不再需要每个店商平台自建一套系统，很有可能阿里、腾讯这种大型的企业会为大家提供最基础的服务，共同打造基础的新零售生态。

用户不再只关注商品是否丰富、价格是否便宜，正品行货和高性价比已经成为行业标配，这些都由某一个内容来做背书。除了生活必需品，24小时送达已能满足用户对物流的需求，用户不会再追求更快的配送速度，对物流的敏感度也开始逐渐趋于平缓。

互联网时代消除了店商和用户的距离，但零距离的互联网时代，也给原有的店商模式带来了严峻的考验，催生了新零售生态的形成！

盒马鲜生：全渠道体验实体店

盒马鲜生是一家只做"吃"这个大品类的全渠道体验店。整个门店完全按全渠道经营的理念来设计，完美实现线上和线下的全渠道整合。凭借阿里巴巴坚实的基础服务，盒马鲜生很快实现了线下流量到线上平台的引流目标。

盒马鲜生的零售业消费者体验地图可分为认知、到达、准备、购买、体验、物流、售后七个消费阶段。通过体验和信息收集，得出消费者在每个阶段的消费行为。盒马鲜生从创立之初便定位于线上线下的融合性体验，线上线下并行发展，是典型的互联网打造的全渠道体验实体店。目前盒马鲜生的线上订单量已经超过线下订单量，人们通过 App 可以更加快捷地获取商品信息，门店附近 3 公里范围内，30 分钟送货上门。盒马鲜生没有按照传统门店模式设计复杂的动线，它将物流仓储作业前置到门店，与门店共享库存和物流等基础设施。店内还部署了自动化物流设备自动分拣，以给消费者提供更高效、便捷的服务。

小米之家：用互联网思维提升线下用户体验感

小米之家新零售模式的核心有两点：一是线上零售和线下零售相结合；二是通过互联网思维帮助线下零售业提升用户体验和效率，实现转型升级。

小米之家一直在"新零售"的道路上不断探索，致力于为更多人带去科技的乐趣。从之前仅为小米产品提供售后服务、支持，到后期借助互联网、新技术平台及其理念探索建立起连锁新模式、新业态，50多家小米之家在全国20多个省级城市布局成功。

小米之家的新零售模式，就是借助互联网做线下零售，改善消费者体验，提升流通效率，将电商的经验和优势发挥到实体零售中。让消费者既能得到线下看得见摸得着的体验优势，又能享受和电商一样的价格，其本质就是效率的革命。互联网打造的新零售生态下的线下实体店最终可以达到与线上电子商务相同的效率。

本章图说

三种未来实体店的生存方式

高性价比店商，获取更多用户　　　　**品牌店、个性化店商**

- 以量取胜的核心是获取更多的客户
  - 控制终端门店
  - 消费者 = 客户
  - 实现以量取胜
- 阿里巴巴：培养更多人学会做电子商务，来吸引更多的用户

- 产品策略
- 品牌策略
- 服务策略
- 价格策略
- 渠道策略

- 品牌店、个性化店商打破

  模式

  招商

- 路易威登：品牌路线
  - 主题定位精准
  - 品牌故事内容充实
  - 传播渠道多元化
- 无印良品：没有印上品牌
  - 主打"无印"
  - 注重消费者体验
  - 4P 模式 + 两大悖论

互联网打造新零售生态

互联网助力打造新零售生态

平台　设备
云计算　数据　网络
支付　　　物流
　　金融

盒马鲜生：全渠道体验实体店

大品类全渠道体验店
高效、便捷的服务
线上、线下融合

小米之家：用互联网思维提升线下用户体验感

线上、线下零售相结合
互联网思维助力营销
改善用户体验
提升流通效率

下篇

重构实体店社群变现

第四章

升级实体店盈利维度，实现社群盈利

PROFIT

大师说

罗恩·约翰逊：把自己变成客户代入场景设计

德雷克斯勒曾给过乔布斯一个建议：在苹果园区附近秘密建立一个模拟商店。收到建议后，乔布斯和约翰逊就在库比蒂诺租下了一间空置的库房，接下来的 6 个月里，每周二上午他们都在那里进行头脑风暴，一边在里面来回走动，一边完善他们的零售理念。

经过很长一段时间的设计思路打磨，约翰逊提出：模拟商店内部不能只按照公司的四款计算机产品线进行划分，还应该考虑到顾客想做什么。他说："比如，我想可以有一个'电影区'，在那里我们可以用几台 Mac 电脑和 PowerBook（苹果电脑笔记本），运行 iMovie（视频剪辑软件），向顾客展示怎么从摄像机中导入文件并编辑。"

"苹果终于砸到了牛顿的头上"，用户体验就这样设计出来了！苹果公司开始思考如何把自己变成客户代入，与客户互动，并真实实地设计每一个场景、每一个细节。

约翰逊说："如果你看一看实体店世界，就会发现这里既有便利店，也有体验店。苹果零售店是一家体验店。沃尔玛是一家便利店。在网络世界里，应该有便利店——这就是亚马逊，也应该有体验店——这就是 Enjoy 公司。"

01 实体店在互联网冲击下突围的五大出口

如今互联网大潮势不可挡,移动互联网浪潮汹涌,各种智能科技和应用体验呼啸而至。从 2016 年 10 月马云提出"五新"战略开始,传统的实体店无时无刻不在遭受着冲击。互联网冲击下的新零售时代实体店该如何突围?综合前三章所讲可知,实体店在互联网的冲击下需做到如下几个方面。

出口一 线上服务与线下体验相结合

在今天的商业环境中,实体店需要虚实结合,即线上与线下相结合。新零售是以互联网为依托,通过运用大数据、人工智能等先进技术手段,对商品的生产、流通与销售过程进行升级改造,进而重塑业态结构与生态圈,并对线上服务、线下体验以及现代物流进行深度融合。因此,未来的实体店,不应简单、孤立地作为线下门店存在,应该学会两条腿走路,坚持线上服务、线下体验相结合。

一方面，线上可以是流量入口、获客的阵地，可以是下单成交和在线客户服务的场所，满足客户高效快捷的网络购物服务体验；另一方面，线下实体店是重要的体验店，是品质的放心之选。消费者可以在品牌商家线下门店体验看得见摸得着的商品，之后线上下单。在今后很长一段时间内，实体店不会被任何商业形态所取代。因为只有实体店才能给予消费者参与其中的真实体验感，这也是实体店在电商的冲击下能屹立不倒的根本原因。而新技术、新能源、新金融等都是连接线上线下、服务客户的重要手段。

京东到家：牵手步步高，实现线上线下合作共赢

2018年3月20日，零售企业步步高与京东到家达成深度合作。这一合作得益于当年腾讯和京东入股步步高集团，分别成为步步高集团的第二和第三大股东。这一合作也拉开了线上与线下合作的帷幕，对当今互联网冲击下的实体店具有重大启发和借鉴意义。

官网显示，步步高2019年的营业收入为415亿元，员工70 000余名，是中国连锁百强20强、中国企业500强。其拥有线下门店692家，商业版图包括步步高超市、步步高百货、步步高电器城、汇米巴便利店、运通物流、鲜食演义等不同业态。

步步高曾与腾讯、京东在2018年2月底签署战略合作框架协议，三方拟共同发展"智慧零售""无界零售"。京东到家2015年上线，2018年年初已经覆盖

30多个重要城市的超过10万家实体零售门店，2019年注册用户超过7 000万，活跃用户3 000万。步步高与京东到家合作，将充分发挥京东到家线上运营、物流履约、商品数字化能力的优势，实现了优势互补和强强联合，也为线下实体店应对互联网冲击提供了参考借鉴。

出口二　获取流量是基础

面对互联网的冲击，部分实体店生意惨淡。如金融行业中的银行网点，伴随着网上银行、手机银行、微信银行等线上渠道的普及，昔日银行柜台前排成长龙的队伍不见了，网点办理业务的人明显减少。没有客户光临，大堂经理、客户经理和理财经理等失去了现场营销的机会。因此，对于线下实体店来说，流量获取至关重要。

事实上，不单单是线下门店流量减少，当今的电商等线上渠道同样遇到流量瓶颈。对于电商等线上渠道来说，为获取流量而投入的资金可能超过线下门店的投入。据统计，当前淘宝店每引来一位消费者，大概需要80元的成本，但是很多商品的单价可能都不到80元。因此，有人预测未来十年和二十年电商将消亡。

杭州西湖：免费门票意在获取流量

杭州美，最美是西湖。唐代大诗人白居易曾说："未能抛得

杭州去,一半勾留是此湖。"苏东坡曾说:"欲把西湖比西子,淡妆浓抹总相宜。"早些年,在全国各大知名景区维持收费模式甚至门票涨价的背景下,杭州就做出了"西湖门票免费"的决定,这一举措也获得《人民日报》的点赞。

杭州西湖门票免费,实际上是一种获取流量的商业模式,即通过免费的方式获取更多的流量,然后为用户提供增值服务,先免费而后盈利。采用这种商业模式的还有腾讯 QQ 和微信,大家使用 QQ 或微信进行即时通信是不收费的,但是要成为会员,则需要付费。

杭州西湖 17 个景点是不收费的,节假日人满为患,需要预约才可以入场,但是进入景点后部分游乐项目则是要收费的。而且通过免费的流量入口,游客的数量增加了十倍,也增加了杭州餐饮、酒店、娱乐、文化消费等各种收入。

高德旅游大数据显示,2018 年杭州西湖风景名胜区位列全年全国景区人气指数排名榜榜首,年接待游客达 2 813.94 万人次。杭州西湖风景名胜区管委会介绍,西湖免费开放前,杭州一年的旅游总收入是 549 亿元,门票免费当年,杭州的旅游总收入就达到了 1 392 亿元!

2019年，杭州市共接待游客近20 276万人次，同比增长近10%，实现旅游收入4 236亿元，同比增长近18%。

以上案例充分说明流量获取对线下实体店的重要性。对于当今的实体店来说，要获取更多的流量，在互联网时代实现重构突围，要做到以下几点。

主动出击，大胆触网。现在各行各业都面临着市场竞争激烈、流量获取难度大等诸多问题，对于线下实体店来说，尤其应该利用好自身发展的优势，开辟企业发展的第二阵地——线上营销。唯有线下线上相结合，才能在面对外界诸多不确定性时，依然保持平稳的发展步调。这就需要实体店有清晰的意识，敢于走出去，主动出击，大胆触网。

面对互联网的冲击，线下实体店应该建立起自己的网络营销阵地。比如搭建自己的网络传播矩阵，建立完善的品牌官方网站、微博、微信公众号、自媒体账号、电商店铺等，树立自己的品牌形象，搭建起自己的营销服务体系。

线下实体店要善于利用自媒体营销。比如利用微信朋友圈、微信小程序等，扩大产品或服务在粉丝用户之间的传播。利用自媒体的分享、传播功能，找到更加广阔的流量来源。

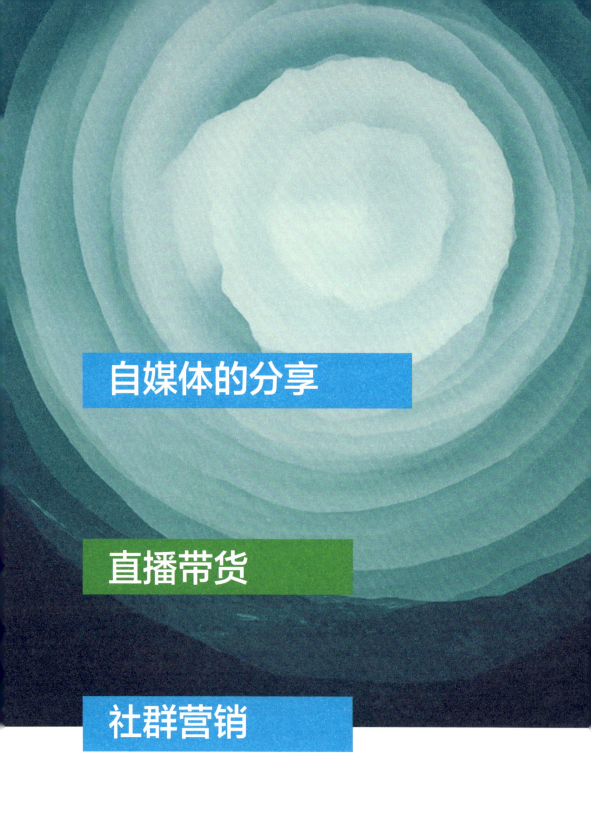

　　线下实体店还应当建立直播带货的长效营销机制。直播带货对人们来说并不陌生，网红、明星带货带来的巨大销售业绩，展示了直播带货的巨大利润空间。线下实体店可以以自营直播为主，由门店店长等管理人员发起直播，也可由门店内颜值较高、专业素质良好、服务意识强的员工发起直播。一方面，这些人员对产品的卖点更熟悉，更理解消费者；另一方面，可以节省运营成本，减少广告费用支出。至于直播经验，可以通过自学和实践探索逐步掌握。最终逐步形成门店直播带货的长效营销机制，扩大在粉丝用户中的影响力，促进更多成交转化。

　　社群营销，经营会员。拥有了一定粉丝量之后，要学会进行社群营销、建立粉丝微信群等，进行专业运营。关于这一点，后面的章节中将进行重点分析和介绍，这里先简单介绍"店长和会长的双负责制"。门店的店长主要负责卖货销售，而门店的会员管理负责人（会长）则主要负责经营会员，经营管理会员的生活方式，如会员的衣食住行、吃喝玩乐、旅游健康、理财规划等。

出口三 重视大数据运营

无论是线上电商营销，还是线下门店经营，都同样面临流量分流的困境。当数据成为堪比能源的重要资产时，数据运营就显得极为重要。无论是高性价比的线下门店，还是高附加值的线下门店，抑或是让客户高频多次消费的线下门店，用户数据都是重要的运营资产。

大数据助力营销对象的精准识别，实现精准获客。当前各行各业中的大数据普遍用于精准营销，凭借对用户的识别、数据抓取和分析，在精准获客方面优势明显。比如可以通过大数据分析用户的消费习惯、个人兴趣爱好、购买偏好等，对用户进行个性化标签推荐；也可根据用户的需求进行个性化信息推送和需求定制。在当前新时代商业环境中，大数据营销有助于商家和门店更好地把握用户需求，更好地贯彻为用户服务的理念，更好地实现精准获客，提高营销的效率和效益，帮助门店在激烈的市场竞争中脱颖而出。

大数据为营销决策提供借鉴，实现精细化管理。大数据不仅可以实现销售之前的精准获客，更有对用户交易习惯、消费频次、购买偏好等数据的分析。这将为门店营销活动策划和营销决策奠定良好的数据基础，从而实现精细化管理。

大数据助力营销效果的跟踪，提升营销效率。大数据记录用户的各种数据，可以建立起较为完整的用户数据库档案，方便门店对营销效果进行动态跟踪。通过大数据系统，登录营销管理后台，不同营销推广方式的点击、转发情况，不同产品的销售成交情况都一目了然。系统还可以自动生成智能分析图表，方便门店清晰了解营销效果，从而有助于提高营销效率。

亚美科技：用大数据支持门店智能选址

亚美科技（广州亚美信息科技有限公司）是知名车联网大数据平台商以及车联网生态整合企业，主要提供车交易、养车、车保险和私家车旅游等生态服务。2020年该公司在全国建立了车智汇·会养车门店。

关于门店如何落地，通过大数据分析，亚美科技主要考虑以下三个方面：第一，门店的规模；第二，业务范畴以及技师数量；第三，利用大数据的机器学习算法，根据用户的车辆数据，预测车主经常出现的地点，将这些地点和拟建立门店的区域结合，进行距离计算，从而计算出指定范围内的用户数，得出此门店可以辐射到的用户量。

亚美科技大数据平台基于车辆GPS（全球定位系统）坐标数据，预测指定门店附近的用户数，通过省市区的门店数，以及门店辐射距离范围内预测的用户数，从全局上科学指导门店开展的运营工作，进一步提高用户体验，从而拓展市场。

蜜思肤门店：数据分析指导营销落地

2020年传统实体店遭受巨大冲击，不少化妆品门店也受到较大影响，但是中国化妆品单品牌领军企业蜜思肤的销售额却一路逆势上扬。浙江丽水的2家蜜思肤门店，3天的业绩突破100万元。该业绩的取得与总部派出的督导到店培训帮扶密不可分，同时更得益于大数据分析的结果。

蜜思肤营销助手系统可提供大数据分析，通过对消费统计数据的剖析，勾画出每一位会员的画像，包括消费力、消费周期、消费习惯、消费喜好、消费品类等详尽统计数据，帮助门店精准掌握每位会员的个性化需求。门店还会有针对性地对会员进行精准维护，邀其到店，促成转化。

出口四　构建智慧门店

随着数字经济的发展，零售门店向智慧门店转型的时代早已到来。当前电商平台的获客成本居高不下，线上零售遭遇流量的天花板。加上移动支付的便利和年轻一代消费群体的崛起，智慧门店已成为未来发展的必然趋势。智慧门店将复杂的业务简单化、数字化，打通线上与线下的全渠道营销方式，帮助企业降低经营成本，提升门店经营效率。

便捷的结算和购物体验。消费者在智慧门店，可以通过刷脸支付或者智能收银机自助结算，得到高效快捷的购物体验。

收银追溯便于门店管理。为防止门店员工为了自身利益出现"飞单"，或者为达到奖励指标出现先买后退的情况，可将所有收银记录和监控视频相关联，按订单码直接查找对应视频，方便门店经营管理。

远程智能巡店提高效率。以往人工巡店费时费力，效率低。将传统门店升级为智慧门店后，可以通过手机 App 远程巡视监督管理一家或多家门店，将门店陈列情况尽收眼底，对门店的情况及时跟踪。

加强大数据统计分析。使用人脸识别系统、收银结算系统等，可以对用户进行清晰的消费画像，把握用户的消费习惯、交易频次、购物偏好等，为门店营销活动决策提供借鉴和参考。

九号机器人：5G 智慧零售门店

九号机器人有限公司（九号机器人）成立于 2012 年，2020 年 9 月 22 日在上海证券交易所科创板上市。作为小米生态链旗下第四家上市公司，公司产品主要包括智能电动平衡车、智能电动滑板车、智能两轮电动车、智能服务机器人等。该公司除了线上销售渠道之外，也在国内 100 多个城市布局了 199 个"5G 智慧零售门店"。这些智慧门店集产品展示、用户体验、销售咨询及售后维修保养等功能于一体，同时也是用户线下聚会的场所。在门店内，消费者可以现场体验试驾电动车，之后现场购买直接提货，也可选择线上下单送货上门。

出口五　用户服务极致化

产品同质化严重、市场竞争越来越激烈的当下，在以产品为中心向以用户为中心转型的过程中，服务是不可低估的软实力和核心竞争力。线下门店需要在服务上下足功夫，做到用户服务高度人性化、极致化，让用户体验到企业和产品的温度。

任何一个时代的商业文明中，改善用户服务都是提高竞争力的重要手段。当今迅猛发展的电商只是以创新的渠道提高了销售的效率，但使人们享受高效、快捷和便利的购物体验的同时，仍要以优质产品和服务为基础。

日本的电子商务并不发达，人们更愿意去超市、百货商店和便利店购物，因为更喜欢享受线下优质的服务。比如在日本的专卖店买好东西后，收银员在小票上盖好章后会用吸油纸按在上面，吸走油墨，防止染色到其他物品上；将包装好的商品递给客人之后，收银员还要走出柜台送一小段；下雨天，商场会从消费者需求的角度出发，分别准备擦拭雨具与身体的毛巾等。这些以人为本的服务行为，给消费者带来了很好的线下实体店购物体验，进而可增加门店的客流量。

胖东来超市：以极致服务赢得市场

河南许昌的胖东来超市是国内商超的标杆企业，其服务的极致化让当地的沃尔玛、家乐福等超市都望尘莫及。其优质的服务可以概括为如下几点。

无处不在的温馨。胖东来超市真正设身处地为消费者着想，极其注重服务的细节。比如商场入口处准备了六种购物车，有婴儿、儿童和老人专用的购物车，其中老人的购物车还带有板凳，方便他们走累时坐下来休息。商场内有免费的充电宝、饮水机、座机，有干净卫生的厕所和母婴室，上厕所时身体不适，按一下求助按钮，就有工作人员来服务。为防止购物小票丢失，胖东来还为消费者准备了专业的票据纸袋。

平价的商品。胖东来的服务堪称一流，但是里面的商品却不贵。胖东来的商品价格并没有因为高质量的服务而上涨，而是一直保持着市场的平均水平，给消费者带来了质量高、价格实惠的购物感受。

不满意可退货。有消费者给孩子买了一个玩具，孩子不喜欢，胖东来的工作人员亲自上门退货，得知孩子生病住院还送了一对可爱的娃娃。

专业化的服务。比如买大闸蟹的时候，会有授权书，还会告知消费者具体的保存方法。水果售卖区域，会根据水果的成熟程度，标注出"当天吃""一天后吃""三四天后吃"等字样。几乎每一种商品都标注了具体的使用方法和注意事项。

02 把握三大维度，实现用户为王

北大知名教授陈春花耗时 30 年，跟踪我国 3 000 家企业，得出领先企业的五种素质：用户至上、竞争与学习、全员创新、让失败变得有价值、自我驱动。由此得出七大管理理论之一：经营者的信仰就是创造顾客价值。可见，不管从什么角度出发，对商业运营和企业管理来说万变不离其宗的都是用户为王。对于实体店来说，实现用户为王，需要坚持促销方式规划、品类重构和圈子店商这三大维度。

维度一 多元营销，实现流量快增

商海如战场，落袋方为安。利润是企业经营的根本出发点，一切以盈利为本。实体门店要实现快速盈利和利润变现，应该保持速战速决的商海战术，即集中力量办大事，充分发挥自己的资源优势，运用更多新形式的促销手段获取流量，并实现流量变现，进而实现盈利的最终目标。

活动，努力提升业绩变现。同时，还需做充值方案设计、专项、专业策划，实现短时间内到店消费或购买人数增长，实现流量变现。

（1）抓住盈利黄金期，打好每一场"促销大战"

①1月新春大促

团聚是春节永恒的主题，这个节日主要有三个特点：高关注度、高集中度、高人流量。1月新春大促向来也是商家和门店的必争之役。每到春节，各大互联网公司都会使出浑身解数展开红包大战，支付宝每年的"集五福瓜分奖金"活动就给人们带来了不少新春乐趣。线上电商春节促销活动开展得如火如荼，线下实体店也应策划具体的营销方案，以抢占流量市场。

促销活动时间范围：1月—2月春节前后。具体做法和思路参考如下：

制订营销方案。本着未雨绸缪的原则，10月国庆营销大促活动结束后，就应提前2个月准备下一年门店营销大促活动的整体方案，包括方案目标、营销活动、备货采购、宣传推广、成本费用、人员分工安排等。其中的营销活动是方案的核心内容，包括特色活动和常规促销活动两部分。

特色活动属于创新营销活动。门店要在激烈的竞争中脱颖而出，必须有自己独创的营销活动。比如小米、肯德基在春节促销中，就曾采用肯德基小米红包等新颖的活动形式，成功吸引到客户流量，提升了销售业绩。红包主会场采用陀螺仪的场景展现形式，用户可进入三个分会场——小米专区、品牌专区和小米生态链专区。肯德基投放的现金奖励，将存入小米钱包；优惠券和实物奖品，则存入小米卡包。这种形式在春节活动中取得了很大成功，也成为这些企业品牌营销的一大特色。而常规促销活动则包括产品折扣、抵扣让利、买赠促销、抽奖促销、小游戏竞技、会员积分奖励等。

着手部署备货。明确方案后，就要着手开展物资物料采购和备货工作。年底可能物资供应紧张，因此要提前准备，统筹兼顾。应根据市场需求和门店实际，做好市场预测，及时采购热销年货，准备充足的货源，保证门店当地供应，以满足消费者的需求。

做好门店陈列。门店商品陈列是一门学问，也有自身的专业性。门店商品陈列要突出主题，营造节日氛围。主推商品放在最显眼的黄金位置，配合促销内容，刺激消费者的购买欲望。同时，还要保持门店空间布局合理和整洁卫生。

启动活动宣传。活动开始前一个月，应该通过线下海报和线上网站、网络媒体、微信公众号、朋友圈等，融合线上线下渠道，加大活动宣传力度。充分发挥自媒体的宣传作用，将活动宣传和活动奖励结合起来，扩大活动知名度和消费者参与度。

活动方案执行。活动执行之前必须对门店员工进行统一的专业培训，提前设计好营销话术，对活动执行中可能出现的问题做好预案。活动执行过程中要加强沟通协调，及时处理各种突发问题，并做好客户服务工作。

② 5 月仲夏大促

经历了春节的消费和营销旺季后，临近年中的第二个季节是市场消费的旺季。这一阶段的主题和春节期间的亲情团聚有所不同，更侧重节日的身心放松和休闲娱乐，此时人们更多选择户外旅游，餐饮、旅游、酒店等行业会出现销售高峰期。因此，5 月仲夏大促应该紧紧抓住消费者的需求，深度挖掘并策划出更多创新的营销活动，以活跃人气、吸引关注、增加流量，实现流量裂变和业绩提升。这个时段的促销方案与 1 月新春促销大致相同，但促销过程中需要注意如下几大问题。

提前准备。正所谓"有备无患"，无论是活动方案、物资采购，还是人员培训

和分工安排,都需要未雨绸缪,提前做好准备和部署。

现场控制。门店活动现场人员秩序管控是大问题。一要注意活动现场的秩序,做好现场指引和疏导;二要注意安全管控,谨防人员密集时段发生盗窃的可能;三要防范"碰瓷"现象,提前做好预备方案。

简化流程。以方便消费者、促成成交为第一原则,尽可能简化流程,为消费者提供最佳的服务体验。

(2) 转变营销思维,利润导向变为积累流量

商业运营过程中,获得利润的前提无疑是巨大的客流量。一个少有人来的实体店,很难获得高利润。然而面对现在市场的流量枯竭,获取流量的成本更是一路走高,越来越多的商家都面临着获取流量的难题。那么,为了达成现代企业的营销目的,获取更多流量,企业可以采取如下做法:

小活动积累大流量。除在节日和销售旺季集中获取流量外,在其他的时间也要

积累流量。通过日常的小活动，同样可以积累流量、积聚人气。比如通过简单好玩的互动小游戏，也可积累一波粉丝和人气。活动可能较小，持续时间不长，但重在细水长流，一个小活动结束后接着举行下一个小活动，持续获得老客户的关注，不断吸引新客户参加，逐步稳定积累，也可以形成一定的用户基础。

爆品方案求突破。爆品方案在当今商业环境中可以说是可遇而不可求，故此需要精心策划和专业运营。比如蚂蚁集团的支付宝、余额宝、相互宝等，都是用爆品方案将蚂蚁集团打造成为世界闻名的独角兽企业。再如，微商要在短时间内实现人气和利润的高增长，也需要持续不断地推出爆品。名创优品的产品数量非常之多，其背后有专业的设计和运营团队打造高性价比的爆品。对于一家实体店来说，可能一款爆品就能支撑起一个门店的业绩。

（3）节日促销，实现引流

节日促销吸引消费者眼球。节日是提高消费者对品牌的关注度、刺激大众消费、活跃市场氛围的良好时机。很多门店都会选择在节假日里促销，主要原因就在于这个时期人员流动频繁，同时消费者普遍具有购买促销优惠商品的购物心理。

节日促销有社交文化基础。"今年过节不收礼，收礼只收脑白金。"每个节日都有特定的历史文化内涵，都会引来大众

利润导向变为积累流量

的积极参与，如春节、中秋节，还有年轻人喜欢的电商购物节等。

节日促销增加用户对品牌的认可度。在万民关注中打造大众参与的群众基础。消费者在节日的社交文化娱乐中，更容易对品牌产生情感认可。以此为基础，品牌方可以借势宣传，通过具有特色的促销活动引发消费者的情感共鸣。

节日促销符合经济学原理。西方经济学中的边际效用递减规律认为，消费者对商品和服务的满意程度在一定程度上是递减的。比如饥饿时吃一个面包的满意程度是很高的，但是吃饱后再吃面包，满意度便减弱了。节日促销正是重新激发消费者的购物热情、提升大众消费体验、避免边际效用递减的好时机。

因此，实体店的经营者想要利用节日促销实现引流，每逢节假日就要针对特定人群做定向开发，设计专项活动，不限次数，进行节日促销。具体的节日可以参照每年的日历，大致分为如下几大类。

国家法定假日。除了春节、五一和十一，还有周六日、清明节、端午节、中秋节等都是重要的国家法定假日，可以进行针对性促销。

国家设定的职业节日。比如教师节、护士节、律师节等。这些节日都对应不同的用户群体，即门店进行促

销的重要对象。

中国传统二十四节气。比如春分、立秋、冬至等，尤其是冬至，部分省份人群较为重视，甚至有"冬至大如年"的说法，饮食购物等方面市场潜力很大。

国内外公益节日。比如我国的植树节、世界卫生日、世界知识产权日、全国法制宣传日等。

重大电商购物节。比如618购物节、双十一、双十二等，门店在此时期开展节日促销活动，常常可以引来巨大的客流量。

其他重要节日。比如七夕节、儿童节、重阳节、高考日等，都可在门店进行有针对性的活动策划。

节假日活动较多，门店应制订全年的节假日营销计划，针对不同的节假日，植入不同的营销场景，切入不同的目标用户群体，进行有针对性的专项营销。营销策略上，可偏重品牌营销，体现人文情怀，但是要和门店的企业文化精神、特定产品相结合，有助于销售。根据不同的节假日和门店营销目标，有针对性地采取一定的营销活动，实现在部分细分领域和特定人群中的深耕细作，力求打造成为门店的特色，并形成每年的节假日营销"惯例"。

佛山火锅店：一次充值 6 倍抵现获取流量

2019 年夏季，广东佛山开了一家火锅店，通过创意的营销设计，一周内 2 000 人到店消费，第一个月就回款 80 万元。如此骄人的战绩是如何取得的呢？

首先，打免费体验牌。火锅店先是在微信公众号里发了一篇软文，说火锅店盛大开业，只要将此文章转发到朋友圈，微信截图给客服，然后带 3 个人以上来店消费，就可免费享受价值 128 元的火锅套餐。

其次，适当引导消费者充值。4 个人以上消费金额超过 128 元，可以参加充值会员送代金券活动，充值形式是充 50 元送 300 元代金券，并可成为 VIP 会员，享受 9 折优惠，以后每次消费可以使用 30 元代金券，首次充值成为会员还送一个价值 128 元的充电宝。

促销技巧分析： 对消费者而言，假设在 128 元免费套餐之外消费了 300 元，按照这一促销方案，300 元打 9 折后是 270 元，用代金券抵扣 30 元，实际需要支付 240 元，相当于享受了开业 8 折优惠。对火锅店而言，这样做不仅能增加客流量，提升门店的销售业绩，同时，也为门店留住了客流。每次消费都可以使用 30 元代金券的设计方式，可以有效地刺激消费者进行高频次的消费。

最后，店家趁热打铁进行二次引导，优惠促销活动再升级，只要充值满 1 000 元，首单消费即可全免。在上面的例子中，扣除消费的 300 元，消费者等于只需要再充值 700 元就可以免单。这时候有 50% 以上的消费者会选择充值。

周导如是说

传统营销的目的是单纯地为了获得利润,现在靠这种思路已经行不通了,企业的经营者需要转变思维方式,要懂得获得利润的同时更重要的是获取流量,留住流量,然后实现流量的多频次变现。

以往传统的促销方式,更多的是商家赔本赚吆喝。这样做不仅会降低消费者对产品品质的信任度,也可能让消费者产生捡漏心理,都等着买促销打折的商品,待商品恢复正常价格后,客流量就会大大减少。

一套成功的促销方案需要达到消费者和商家的双赢,既让消费者得到实惠,也要为商家带来流量和盈利。如佛山火锅店的会员制促销活动,就给了消费者再次进店消费的正向引导,增加了客户黏性,进而提升了销售业绩。同时,提前充值消费的方式,也让店家可以提前回笼资金,获得持续不断的现金流。

腾讯 QQ：社交工具积累用户流量，金融服务获取盈利

商家经营和资源配置的目的在于追求利润最大化。互联网经济环境下，流量就是资产，企业应该转变营销思维，由利润导向转为流量积累。在这方面，腾讯 QQ 和微信就是很好的例子。

互联网刚刚兴起的 20 世纪 90 年代末和 21 世纪初，当时年仅 28 岁的创业者马化腾，并没有急于追求商业变现，而是通过免费使用 QQ 的方式发展即时通信，积累起第一批流量客户。2000 年 4 月 QQ 注册用户数达 500 万，同年 6 月注册人数已经突破 1 000 万。

2002 年 3 月，QQ 注册用户数突破 1 亿大关。2003 年 8 月，用户数持续积累，"QQ 游戏"应运而生。2004 年 QQ 注册人数突破 3 亿，同年 6 月腾讯在香港主板上市。

之后，QQ 的发展便势不可挡，开始推出 QQ 会员、QQ 音乐，以及腾讯网等资讯服务和广告业务。之后更是在金融支付领域一路攻城略地，财付通和 QQ 钱包横空出世，会员游戏充值、便民缴费、代还信用卡和投资理财等业务如火如荼。腾讯用社交工具获得众多的免费流量，却通过金融服务消费者模式获得了盈利，这是互联网公司惯用的前端免费后端盈

维度二 品类重构的关键——
　　　做好引流、增加黏性、盈利变现和延伸渠道

田忌赛马的故事我们都知道，当年齐将田忌和齐威王赛马，一开始田忌出师不利，屡遭败绩。后经孙膑献策，以田忌的一等马对阵齐王的二等马，田忌的二等马对阵齐王的三等马，田忌的三等马对阵齐王的一等马，最终田忌三局两胜赢得了比赛。这个故事揭示的道理是：改变事物发展排列的结构，往往会产生质的改变。这一原理在商业运作过程中的具体应用：通过品类重构，打造爆品，从而获取更多关注和流量。

现代市场竞争激烈，生意难做是一种新常态。这样的市场环境，对企业的经营者提出了更高的要求。企业经营不能再因循守旧、一成不变，要懂得转变思维，要从以产品为中心的观念转变为以人为核心的观念，不断挖掘用户需求，并以此作为产品品类重构的出发点。

那么，到底什么是品类重构？所谓品类重构，就是改变原来单一的、平面的盈利结构，迈向多元的、立体的、组合的盈利结构。人类商业文明的历史，本质上就是一部品类重构的历史。比如现代零售的早期业态，百货店在大卖场崛起之后，被迫进行了一次品类重构，形成了以美妆珠宝奢侈品＋男装女装＋家居百货的全面高端化新综合业态，并逐步进化为集吃、喝、玩、乐、购为一体的大型购物中心业态。

商业业态的这一发展规律，被中国电商的蓬勃发展打破。大卖场只有生鲜维持火爆，购物中心只有珠宝等奢侈品购买旺盛，其他品类产品则都或多或少受到了电商的冲击。这也导致近几年一些商超、百货、购物中心被迫关门，比如，1995年在深圳起家的新一佳超市于2017年倒闭，沃尔玛和华润万家的门店也在逐步减少，家乐福在2019年被苏宁易购收购。

对于当今的实体店经营者来说，要想达到门店经营的稳定提升和可持续发展，最重要的是做好品类规划或品类重构。具体而言，需要做好引流、黏性、盈利和延伸这四方面。

（1）引流：打造爆品截流

通过爆品做截流本质上属于爆品战略。当今的商业经济是注意力经济，依靠传统的报纸、广播、电视等媒体打造品牌，或者通过密集的代理商、经销商等渠道来获取流量的时代已一去不复返。从20世纪90年代到21世纪初，国内商业社会也打造出诸多爆品，比如白加黑、王老吉、脑白金、金龙鱼、农夫山泉、小米手机、江小白等，都可谓是经典之作。在如今全新的融媒体时代大潮下，企业最重要的是打造爆品，通过爆品截流。

所谓爆品，是指极致的产品，有着极强的市场冲击力，能引起消费者的广泛关注，口碑好，被消费者广泛传播。爆品应紧密契合消费者痛点，锁住风口，以超高的性价比和品牌特色作为"引爆点"，吸引住顾客的关注，实现截流。

（2）黏性：通过常规产品留人

爆品的主要任务是实现引流，那么对于引来的客流量，接下来要做的就是想办法保住流量，即增加用户黏性。要通过常规品质产品不断发展回头客，提高复购率。需要注意的是，实施这一策略仍需要创新营销思路，坚持以人为本的核心点，深挖用户需求，以优质的服务为重要手段，优化提升用户体验，增加客户黏性，达到让客户多次消费的目的。

（3）盈利：通过新奇特、行业外的产品获利

服装品牌美特斯邦威曾有句广告词叫"不走寻常路"，现代商业环境中，同样需要标新立异，运用新奇特的打法。要适时突破行业局限，进军其他行业，通过行业外的产品来获利。比如，日常经常接触的两个行业——美容和美发，它们的不同行业特点，决定了它们的结合可以产生新的利润点。美容的利润较高，但是客户总量和需求有限；美发则是刚需，理发一般每个月都需要一次，洗发的频次更高。因此，美发店的客户可以积累发展为美容客户，甚至可以成为比较火的医美整形整容业务的客户，后者所带来的利润更是无比丰厚。

（4）延伸：跨行业、跨店产品延伸盈利

现代社会具有多元化的特征，商业的边界也变得越来越模糊，不同行业之间其实存在着诸多跨界合作的空间。当前和未来，门店的盈利还可以通过跨行业、跨店产品延伸。延伸通常是在原有行业基础上的产业链条的延长补充，或者是对门店客户生活方式的延伸服务。比如，大家熟知的7-ELEVEn便利店，早上可以在店里买早餐，中午也可去买午餐，除了快消品之外，该店还可以帮客户收发快递、代缴电话费、充值公交卡等，提供各种便民生活服务，这些都是跨行业的延伸。

再如，邮政包裹快递的网点，还同时代销保险、卖鲜花、卖生活用品；中石油加油站不仅提供加油服务，还开了超市；台湾著名的诚品书店不仅卖书、提供文化阅读的场所，还举办各种艺术展、线下读者交流培训会，以及

经营服装、百货等日用品；台湾著名的85℃咖啡还兼营面包等。

以上这些商家都是通过跨行业、跨店产品实现了延伸获利，其实它们都是品类重构的一种商业模式，以这种多元化的产品和服务，满足了更多消费者的需求，解决消费者消费过程中的痛点。

仙果宝盒：爆款产品成功引流

近年来，随着大众对健康重视度的不断提高，市场上出现了许多保健产品。然而由于保健品种类繁多，功能也比较繁杂，如何选择合适的保健品就成了众多消费者的难题。但是在有益于身体健康的众多产品中，有一类产品的定位非常清晰，即提高人体免疫力的维生素产品。

纯元健康科技（广东）有限公司打造的仙果宝盒产品，作为提高免疫力的维生素C产品一夜爆红，短短十几天已赚回第一季度工厂和产品公司所需的运营成本。这一爆品的成功打造，主要得益于如下几点：

切中大众痛点。商业社会永远需要满足市场需求和引领市场需求的产品，仙果宝盒富含来自德国的抗病毒黑科技成分——接骨木莓，富含能提高人体免疫力的强化维生素C。大众对于提高自身免疫力一直有着满满的热情，尤其是在人们健康意识逐渐增强的今天，一款符合大众需求的提高免疫力产品一定会收获众多粉丝。

性价比高。质量有保证，价格不高，普通人都能吃得起。实惠的价格再加上高质量的产品，让仙果宝盒成为众多消费者补充维生素、提升免疫力的上佳选择。

行动迅速。打造一款爆品，还有一个重点就是要抢占先机。当企业经营者觉察到市场某一时期的需求时，就要做出快速的反应，迅速将符合消费者需求且具有企业特色的产品推向市场。

荣大科技：服务堪比"海底捞"的中国最牛打印店

荣大科技为中国拟上市企业提供打印服务已经 20 年。2020 年 11 月，荣大科技启动了创业板 IPO 之路，国金证券为其提供上市辅导。荣大科技被称为"中国最

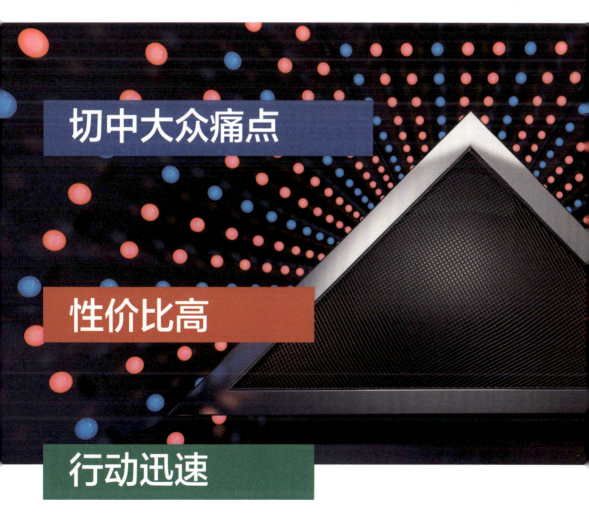

牛打印店"，垄断了全国 90% 的上市申报材料印刷市场，客户不仅包括券商投行人士，还有各家企业的律师、董秘、财务总监等。能将打印业务开展到这么大的规模，荣大科技与普通打印店相比到底有什么特别之处呢？

专业服务赢得市场口碑。客户只需要将整理好的电子底稿发送过来，荣大科技即可专业高效地处理后续的打印装订环节。他们的打印员不是只能提供简单的打印装订操作的普通打印员，而是全都经过了专业培训，从制作项目建议书到招股书，打印员几乎一眼就能看出排版、格式等错误。荣大科技的几乎每一位员工都知道标准的申报材料是什么样子，这样的服务大大提高了上市公司 IPO 的过审率。

极致服务提高客户体验。荣大科技的服务时间不是常规公司的 8 小时，而是适应券商投行项目紧、时间急的特点，为方便客户，经常通宵达旦地修改、整理、制作、打印、校验材料。荣大科技还为客户提供一站式服务，他们租下了公司所在楼宇的多房间，提供从住宿、餐饮、洗浴到校对、打印的一条龙服务，用来接待券商和上市公司相关人员。这样的服务，极大提升了客户满意度。

餐饮店：暖心活动，让顾客多次光临

餐饮店多为流动性客户，老客户回头率较低，原因多在商

家服务质量不高，只能形成一次性消费，而没有吸引客户再次进店消费的卖点和服务优势。但是某地一家餐饮店却通过一招实现了顾客多次光临的目标，其诀窍主要有以下三步。

首先，主动询问顾客剩菜缘由。结账买单的时候，服务员会问顾客是不是饭菜不合胃口，之后将顾客意见反馈给后厨，积极改进菜品做法或优化选材，以达到符合顾客需求的目标。

其次，提出返现的暖心政策。遇到因菜品点得过多而没有吃完的情况，适当地给予返现；对顾客已点餐后厨还没有制作的菜品，予以相应金额的返现，既避免了浪费，也为顾客省了钱，进而提升了顾客的消费体验，增加了回头率。

最后，返现金额可消费抵扣。再次进店消费的顾客，之前给予的返现金额可直接抵扣，给顾客再次进店消费的动力。此举为门店提高了顾客回头率，大大增加了店内销售业绩。

实体门店的流量并非创造所得，而是需要"掠夺"。不管是从产品自身出发，还是从客户服务入手，归根结底都是一场流量的争夺战。案例中的这家餐饮店通过暖心的优惠活动，给予顾客充分的尊重和实惠，大大增加了客户黏性，吸引了大量的回头客，为门店留住了可以多次消费的客流量。

变形餐桌：就做新奇特，成功博眼球

2019年第125届中国进出口商品交易会即广州交易会（简称"广交会"）上，几张可以变形的餐桌引起了众多采购商的关注。其中一款白色圆形的餐桌，在打开桌面下方的搭扣后，直径90 cm的大圆桌几秒内就可以收缩成边长仅45 cm的扇形板块，大大节省了收纳空间。

有的餐桌还可变成置物架。参展商打开锁扣，轻松推拉，一张餐桌便立了起来，变成一个由5个隔板隔开的置物架。而另一张60 cm长看似平平无奇的普通桌子，在参展商打开桌面向两边拉伸后，则立时变成了一张长约2 m的单人床。

这些多功能的餐桌，除具有餐桌的使用功能之外，还兼具其他功能，同时非常节省空间，以新奇特的产品特点，成功获得市场关注。"变形餐桌"多销往欧美地区和日本，市场接受度很高。

周导如是说

高度同质化的市场产品，会给商家带来巨大的竞争难题。从众多的产品中脱颖而出，获取用户的关注，需要新奇特的打法。

要能别出心裁——别人没有的我们有，别人有的我们最好；
要有奇思妙想——敢于出新品，勇于保持个性；
要足够特别——以独具特色的创意，走进消费者内心。

维度三 圈子店商 + 社群 = 打通全息渠道

未来是社群的时代，企业经营者们要忘记本来的行业，因为接下来只有两种行业——经营货的行业和经营人的行业。而经营人，本质上是对人脉资源的整合，对人际圈和客户群的经营。对于实体店来说，则是对会员的经营，需要发展圈子店商，建立自己的社群。

打造圈子店商究竟和社群有什么联系呢？其实，两者只是线上和线下的不同叫法，社群通常是线上的概念，圈子则是线下的资源。而在新零售的背景下，企业经营需要同时整合线上、线下资源，并将两者结合，打通销售渠道。

打造圈子店商，宏观策略上并不难，只需要划分店长和会长的职责分工即可。一般来说，店长指的是实体店的领导者，主要负责销售商品，做的是引流、黏性、盈利、延伸的工作，简言之，主要是门店的日常经营。会长则是门店会员的管理维护者，主要职责是经营会员，经营会员的生活方式，包括衣食住行、吃喝玩乐、旅游健康、理财规划等，简言之，主要就是门店会员管理和用户经营。在圈子店商中，用户是核心资产，因此用户经营就显得尤为重要。

过去是用户渴求进店的时代。在商品供不应求的物资短缺时代，企业可能不需宣传推广，坐等客户上门即可。比如计划经济时代，以及票证和供销社时期，根本不愁商品卖不出去。在改革开放初期，门店的生意竞争也没有今天这样激烈，只要顾客盈门，就有无限商机。

现在是需要打造圈子的时代。互联网和共享经济的时代背景下，市场供应远远大于需求，坐等顾客上门是不现实的。门店更需要的是整合圈子，梳理人脉、资金、营销推广等各类资源，充分整合资源，积极将门店经营从店内延伸到店外。

多元化营销，盘活圈子。通过促销、社群营销、线下活动等，经营维护好会员及用户资源，发展一批铁杆粉丝，保证店内业绩稳步提升。因此，圈子就是门店的无形资产，就是门店的核心竞争力。未来必须打造强大的圈子店商，才能在激烈的市场竞争中立于不败之地。

美容店：用优质圈子服务体系，盘活圈子流量

近几年来，随着美容业的不断发展，市场上的美容店越来越多，众多美容企业面临着行业内激烈的同质化竞争。曾有一家美容店的老板，一年到头不分昼夜守在店里，收入最高的时候也只能达到年收入 50 万元。

在朋友的启发带动下，这家美容店的老板在 2020 年年初做出了经营战略的改变。一改以往每天守店的做法，转而开始经营圈子。美容店前期积累的一些客户资源中，有不少人都有自己的人脉圈，美容店老板便尝试通过他们加入到具有高消费能力的圈子中。

加入圈子后，她并没有急于推荐自己的生意，而是耐心地融入并与这些人成为朋友。后期彼此相熟后，大家也开始主动了解彼此手里的资源和生意。不到半年的时间，圈子就开始为她带来销售业绩，并且远远超过了之前传统经营的利润。

随着圈子带来的业绩不断提升，美容店老板将店面的日常经营委托给店长，并给予店长一定比例的分红，自己则专心经营客户圈子。她将会员分为 A、B、C 三个等级，对 A 等级的 30 个重要客户进行重点维护，她自己亲自陪客户，又通过客户不断转介绍，给实体店带来了源源不断的客流量。

周导如是说

强大的圈子店商，需要打通线上和线下资源。线上通过社群经营积累流量，线下通过体验提升留住流量，两者完美结合，打通销售渠道，为企业带来更多盈利。

乐茵母婴：用母婴服务解决方案建立产业链闭环，让企业实现可持续盈利

江苏市乐茵儿童用品有限公司成立于 2000 年，公司总部位于全国百强县江苏江阴。截至 2020 年 5 月，公司已经拥有 60 家母婴用品连锁门店。由于 2020 年疫情影响，国内众多母婴门店盈利下降，但乐茵母婴的盈利能力却超过了国内地级市母婴店甚至省级母婴店，成为国内母婴店的行业标杆，这主要得益于如下几点。

为母婴提供极致服务。乐茵母婴不同于一般的母婴店，它并非单纯售卖商品，而是提供母婴一条龙服务，包括宝宝早教、洗澡、健康推拿、摄影，以及宝妈的产前教育和产后护理等。乐茵母婴在 2005 年开始陆续增设了母婴健康咨询、妈妈沙龙、婴幼儿水疗、婴儿纪念品、儿童摄影、产后妈妈调理、童元堂小儿推拿、儿童早期教育等高品质的服务项目。

打造母婴产业链闭环。乐茵母婴打造了完善的母婴产业链，把游乐场、图书角、托儿所、水疗馆、康复中心、照相馆等都开在了母婴店里，还建立了高端月子会所。2020 年下半年，乐茵母婴更是发展起了儿童保险和亲子酒店，将母婴服务做进一步延伸。

专业的服务团队。自 2006 年起，乐茵就为员工提供了优质的学习平台，让督导、店长、客服人员都能够有良好的学习机会。2019 年 6 月还专门成立了"乐茵

商学院"。乐茵要求所有未取得专业资格证书的门店员工参加育婴师资格培训，如今，乐茵80%的一线员工都是持证（中/高级育婴师证和营养师证）上岗，并在内部确立了"营养师—内训师—育婴师"的专业培训层级。

03 店商社群成为未来实体店变现的流量支撑

现代实体店，不仅要面对互联网时代带来的冲击，还要面对流量被众多平台和竞争企业不断分散的现实，做好内部盈利维度的升级是应对这些挑战的必要条件。通过促销方式升级、品类重构、打造圈子的方式，可实现实体店内部竞争力的提升。这些前期准备做好后，就需要进入现代商业世界里非常重要的一环——构建社群商业，实现社群盈利。

（1）建群的本质——用产品或信息帮用户建立新社交关系链

社群简单来说就是一个群，是某一类人在社会交往的过程中经常聚集到一起而组成的一个群体，比如同学会、温州商会等都属于社群。这些群体通常都有自己的社交关系链，一群人基于某一个共同点、某一个需求或爱好聚合在一起，有稳定的群体结构和较一致的群体意识。

社群的构成要素： 一是特定的需求，加入社群的成员，都是有共同需求的，如学习交流、聊天交友、购买商品等；二是固定的组织结构，社群内部成员各有分工；三是价值的输出，需要有人来输出内容，提供满足特定需求的内容；四是完备的运营模式，主要指对社群成员的管理和经营，让社群成员获得归属感。

社群搭建步骤： 第一步，完成社群定位，即设定好社群的主要运营内容，如健康知识分享、购物福利分享等；第二步，通过多种渠道邀请人员入群，如微信好友、

社群

第四章 | 131

朋友圈分享邀请、活动现场邀请等；第三步，做好群内成员的组织结构划分，明确不同身份成员的职责；第四步，制定社群的规章制度，并在群内正式通知。

"周导读书——圈商会"：搭建社群要清晰定位和明确目标

耗时两年时间打造的智客汇，在2020年专门搭建了名为"周导读书——圈商会"（以下简称"圈商会"）的用户社群，该社群的最终目标就是通过资源分享，实现社群盈利。圈商会能成功搭建，就在于其在正式建群前就做了充足的准备。清晰的社群定位加上明确的目标导向，为圈商会实现社群盈利奠定了良好基础。

清晰的社群定位：

放下所有的传统工作、各种各样的幻想和杂念，唯一的工作目标就是每个人建立拥有20万粉丝触点的社群网络，故名为圈商会。商业的核心本质是流量和变现，而实现变现的机会永远都是给有流量储备的人准备的，现阶段重点考虑的问题就是流量，如何获取流量，并把流量储备起来，成为每个人思考的重点。

明确的目标导向：

须有人脉储备，所有的生意归根结底都是流量为先，须有庞大的用户数量储备；人脉代管，激活各种沉睡的人脉，挖掘非直接相关的人脉；结果前置，共同学习完整的商业课程体系，共同见证成功的案例，共同成长，并提升彼此间的信任程度；激活渠道，通过培训实战，有效带动整个团队的在线作战能力，建立线上带动线下的商业模型；逆向盈利，帮助企业家从容应对各种突发的市场竞争难题。

周导如是说

有一种公司叫云公司，有一种圈子叫圈商会；有一种思维叫逆向盈利，有一种生意叫社群商业；有一种岗位叫社群社长，有一种方式叫人脉代管。唯有跟上社群商业的脚步，才能实现社群盈利。

（2）微商是社群商业的底层逻辑

一个企业要想运营好，实现盈利，就要建立自己的商业模式。然而，任何离开流量的商业模式，都没有办法实现盈利和变现，所以当务之急还是要积累流量。作为流量裂变的重要入口的社群，已经成为众多商家的下一个主战场。

社群搭建完成后，接下来最重要的就是运营好社群。这就要求企业的经营者真正投入其中，要抛开过去的经营思维，重新搭建经营体系，将社群运营当作生意来做，而非做一个简单的旁观者。社群运营者很可能会经历以下四个心态时期。

第一个阶段，好奇心主导，充满新鲜感，觉得社群运营是一个新鲜事物，有想要尝试的心态；第二个阶段，学习欲望强烈，带着学习的心态，开始意识到社群运营的重要性；第三个阶段，开始相信社群的力量，非常想要加入；第四个阶段，认识到社群是商业的原点，懂得社群是获取流量的入口，开始参与其中。

每个人对于社群概念的理解都不同，所以我们强调：社群经营需要真正投入其中！只有全心投入，才能真正理解社群并不是一个独立的行业，而是属于各行各业。社群经营的模式很简单，即把人建成群，然后不断地在群内进行有效的互动，这样一个社群生态就建成了。

如何把微商做成高级的社群运营：完美日记的创富"神话"

和微商相比，社群运营能盘活微信生态内的社交关系链，能以更方便的裂变模式在精准人群内扩散，最终做到降低流量获取成本。以主营日常快消品的完美日记为例，完美日记的社群运营已然成为了行业的标杆，那么，完美日记是如何实现创富"神话"的呢？

运营模式清晰明确。产品＋流量＋营销＋转化＋服务＋裂变＋招商

盈利模式简单直接。销售产品实现盈利，然后沟通服务来裂变，最后通过营销来转化。

商业模式以为为本。 以人为本的服务型商业模式，注重专业的服务和口碑的宣传，让客户成为自己需要经营和维护的朋友，以持续的社群经营来实现流量的裂变，最终实现流量变现。

新鲜流量源源不断。 从创立品牌开始，完美日记就打造了一个完美形象——活在朋友圈里的精致猪猪女孩"小完子"，她不仅颜值高，还是一个美妆达人。小完子通过高度活跃的文字、彩妆测评图片和专业教程把"私人美妆顾问"的人设给立了起来，让用户感受到，和她沟通的是一个鲜活的人，在彩妆领域是专业的可以信任的。潜移默化的交流和持续的口碑输出，最终都能够在消费者心中留下深刻印象，带来源源不断的流量增长。

落地实施迅速有效： 新加入的团队成员，需要迅速熟悉产品或相关项目，尽可能地挖掘产品的最大效能。同时以客户维护为导向，深度挖掘客户需求，把社群经营的价值做到最大。

周导如是说

社群商业的时代，获取流量是各行各业的老板们都需要具备的最重要的能力。因为对所有的生意来说，流量是前面那个1，其他都是0。所以这是一个抢流量的时代，也就是用社群抢流量的时代。

（3）实现以人为中心的社群经营

整个商业发生了巨大变革，从过去的"物以类聚"迈向"人以群分"。简单地说，就是从过去的以产品为中心，转变为今天的以人为中心，从经营产品升级为经营以人为中心的圈子，这也就催生了现代的社群商业盈利模式。过去是缺少产品的时代，现在各行各业的产品都不缺，缺少的恰恰是流量。

过去获取流量靠打广告、门店装修，现在在原先各种方法不太奏效的情况下，最有效的获取流量的方法就是社群经营，然后实现社群盈利。而社群流量的获取就是靠不断地经营由目标客户组成的圈子，持续不断地维护和经营社群，这就是社群商业的核心特征。下面这个对比图，可以清晰地表现出社群商业与传统商业的区别。

传统商业：营销
1个产品卖1000个人

未来商业：用户
1个人找来1000个人

新型商业：渠道
1个人买1000次

社群商业就是把传统商业、新型商业和未来商业结合在一起的统称。社群商业的运营模式：找到某一个产品，卖给1 000个人，在1 000个人中锁定每一个人，让他们购买1 000次，然后再让这1 000个人每一个人再找来1 000个人，让每一个人再购买一次。社群商业将成为规格最高的一种商业模型。

以服装企业为例，找到一款服装，宁可不赚钱，也要把这款服装卖给1 000个人，在传统的商业时代，完成这个销售行为，商业行为就结束了。而在社群商业时代，必须懂得如何通过社群和这些发生过购买行为的人互动，让他们购买企业的其他产品，接下来社群人员通过朋友圈转发分享，让更多人购买产品。社群商业经营的是一种生活方式。

社群商业是所有企业经营者的第二次创业，它与传统商业的区别在于：通过卖掉的一个产品，将这些客户建成社群，然后不断经营社群，积累真正的财富——社群粉丝和社群的活跃度。

传统商业的打法是先有产品，然后给产品定价，寻找销售网络，最后进行产品的推广。在这个过程中，社群是作为产品销售的渠道而存在的，而打广告则属于产品营销的途径。**现代社群商业的核心原点发生了改变，不再以产品为先导，而是先聚集圈子，以人为中心，再进行产品的营销。**此时线上的平台则是作为产品销售的渠道为产品打通销路，如淘宝店、微信和抖音，都可以作为产品销售的渠道。

"周导读书——圈商会"：经营社群就是经营人

现代商业的运营办法有多种，比较典型的有如下三种：

第一种，新零售，以电子商务为出发点，跟线下进行整合，以阿里巴巴为主导；

第二种，社交店商，前端以微商团队为核心，后端构建了电子商务平台，前端

的微商团队嫁接到后端的电子商务平台;

第三种,圈子店商,以实体店为出发点,把线下店商构建成一个圈子,然后持续不断地经营圈子,从而实现产品营销。

新商业时代以这三种方法为主导,电子商务会嫁接实体店,实体店会嫁接微商,三者合一。"周导读书——圈商会"的运营模式,就是新商业时代建立圈子店商的典型代表,它的运营思路主要体现在以下 7 点。

(1)每个会长都要进行人脉代管,每人 10 个群,每个群 200 人,目标覆盖 20 万人,形成以会长为影响力中心的社群。

(2)做成圈商会,帮 10~100 位会员进行人脉代管,帮助每个人建 10 个以上群,每个群 200 人。

(3)建立圈商会的卖点是学习圈商会的社群商业,帮会长进行人脉代管,增加年盈利。

(4)圈商会以学习商业知识为导向,每天在群内分享最新的商业知识,做到天天有微课,时时有互动,人人有链接。

(5)圈商会的第一个阶段就是建群拉人,只求数量,不求质量;第二个阶段是信息推送互动,形成固定时间的固定推送模型;第三个阶段是形成销售,筛选出有效信息并加以固定;第四个阶段是群裂变,从学员变成会员,从会员变成会长。

(6)经营社群时实行群内管理制度,每天群内四次打卡,定时互动。如同正常

工作的早、晚会，发布新的内容，随时总结有效的工作方法和经验，随时汇报工作成果，集体转发。

（7）每个会员群都要有5个以上内部人员，以便进行群内管理和互动，实现在生活中工作、在工作中娱乐、在娱乐中赚钱的商业目标。

名词解释：人脉代管

传统企业家投资固定资产，而互联网公司投资用户，即虚拟资产。"五新"公司投资的社群粉丝，就是虚拟的资产。假如只用微信去添加5000个粉丝，这样的速度和效率相对较慢，而如果使身边人的微信号为你所用，把微信里沉睡的粉丝通过社群模式迅速变现，这个过程就是人脉代管。

周导如是说

社群商业是对原有商业所做的补充，是一个独立的体系，是比传统商业高一个维度的理论体系，是以线上带动线下，在线上提前积累大量的流量，对流量进行持续不断的经营，然后实现社群盈利。

第四章 | 139

本章图说

升级实体店盈利维度，实现社群盈利

实体店在互联网冲击下突围的五大出口

线上服务与线下体验相结合

以互联网为依托
运用大数据、人工智能等先进技术
升级商品的生存、流通与销售过程
重塑业态结构与生态圈

获取流量是基础

重视大数据运营

大数据助力营销对象的精准识别
大数据为营销决策提供借鉴
大数据助力营销效果的跟踪

构建智慧门店

用户服务极致化

把握三大维度，

维度一　多元营销，实现

抓住盈利黄金期
利润导向变为积累流量
节日促销，实现引流

**维度二　品类重构的关键
盈利变现和延伸渠道**

引流：打造爆品截流
黏性：通过常规产品留人
盈利：通过新奇特、行业
延伸：跨行业、跨店产品

维度三　圈子店商 + 社群

过去：用户渴求进店的时
现在：需要打造圈子的时
方式：多元化营销，盘活

为王

店商社群成为未来实体
店变现的流量支撑

用产品或信息帮用户建立新社交关系链

微商是社群商业的底层逻辑

实现以人为中心的社群经营

充、增加黏性、

获利

息渠道

传统商业：
营销

未来商业：
用户

新型商业：
渠道

第四章 | 141

第五章

成功运营实体店社群的十二大体系

TWELVE MAJOR SYSTEMS SOLVE THE PROBLEM OF BUSINESS DIRECTION

大师说

艾·里斯：寻找心智当中的空白格，然后再把信息传递出去

艾·里斯是世界最著名的营销战略家之一，营销国际协会（SMEI）曾授予他"卓越营销"奖。他的《定位：头脑争夺战》一书，引领了市场营销学界"定位"的潮流。他本人这样描述自己书中的核心内容：

"在这个社会里有太多传播渠道，定位就是要寻找这其中的空格，让产品信息到达相对应的人群处。比如宝马汽车，宝马通过探察消费者的心理，发现消费者心中普遍缺乏一款能满足驾驭乐趣的车，于是宝马说自己是一款驾驭性非常强的车，这就准确找到了消费者心智当中的空白格，所以宝马现在在全球的销量已经远远超过了奔驰。"

"所以'定位'用一句话来总结就是寻找心智当中的空白格，然后再把信息传递出去。但是当今社会所传递的信息量实在是太大了，我们有太多的信息传播渠道，像报纸、杂志、电视，面对这样的信息轰炸，最重要的就是找心智当中的空白格，而不是一味传播产品的特性。"

01 经营方向不对，资源配置被浪费

一般来说，赚钱等于资源加经营。资源通常包括资金、人才、项目、产品、品牌、优质的渠道、模式、社会关系等。经营包含筹划、谋划、计划、规划、组织、治理、管理等。而赚钱就需要统筹这两方面，充分整合各种资源，通过经营管理实现利润最大化。

企业运营需要董事长和总经理相互配合。董事长负责资源整合，把控总体方向，总经理则负责日常经营管理。在实体店的经营管理中，则需要店长和会长相互配合。店长负责店面的日常运营管理，会长负责门店会员管理和用户运营等工作。

（1）找准战略方向，实现运营"差异化"

现在，每一个企业都在寻找差异化，以实现盈利，这其中需要明确的一个关键点就是找准经营方向。因为每一个企业的实力，特别是在消费者心中的地位各异，竞争对手也各不相同，唯有结合"认知、竞争、趋势、优势"来进行差异化的战略定位，找准自己的经营方向，才能充分发挥自身优势，合理利用企业资源，在日渐激烈的市场竞争中脱颖而出，赢得商战。

（2）优化资源配置，提升竞争力，获取更多流量

经济学中，资源有狭义和广义之分。狭义的资源指自然资源，广义的资源指经济资源或生产要素，包括自然资源、劳动力和资本等。资源是社会经济活动中人力、物力和财力的总和，是社会经济发展的基本物质条件。

认知趋势

COGNITION
TREND

在任何社会时期，人的需求作为一种欲望都是无止境的，而用来满足人需求的资源却是有限的。要争夺市场竞争的先机，获取更多的市场流量，就需要企业把自身资源优势发挥到极致，以满足用户日益增长的需求。下面通过两种资源配置方式的对比，来介绍如何优化企业资源配置。

第一种，计划配置方式。这是在早期市场经济环境下应用的资源配置方式，在一定条件下，有可能从整体利益上协调经济发展，集中力量完成重点项目。

计划手段难以适应复杂多变的社会需求，还可能出现信息传递的失真、扭曲，容易让企业失去市场竞争的活力，以致处于消极被动的地位，造成资源闲置或浪费，不利于企业在竞争激烈的市场环境中获取流量。

第二种，市场配置方式。随着市场范围的不断扩大，进入市场的产品种类和数量越来越多，市场对企业资源配置的作用也就越来越大。现在大部分企业采用的资源配置方式就是根据市场的需求，进行企业资源的分配利用。

市场配置方式可以使企业与市场发生直接的联系，使企业根据市场上供求关系的变化和产品价格的信息，在竞争中实现生产要素的合理配置。但这种方式也存在着一些不足之处，例如，由于市场机制作用的盲目性和滞后性，有可能出现社会总供给和社会总需求失衡、产业结构不合理以及市场秩序混乱等现象。

达芙妮、京东便利店：无界零售战略

成立于 1990 年的内地女鞋品牌达芙妮在 2012 年巅峰时期拥有实体零售门店 6 881 家，但在 2020 年上半年却缩减至 293 家。达芙妮的主要失误在于经营方向不当，将主要资源配置在疯狂建门店上，却没有制定完善的"电商发展策略"。虽然早在 2006 年，达芙妮就已开始试水电商业务，但在与百度一同投资电商平台"耀点 100"的项目失败后，其电商业务一度处于停滞状态，直到 2014 年才重新重视电商发展，因而被业界称为"起个大早，赶个晚集"。面对激烈的市场竞争，达芙妮也没有将资源放在产品研发和品质提升上，因而产品逐渐失去了消费者的青睐。2020 年上半年，达芙妮的营业额同比减少 85%，彻底退出了中高档品牌实体零售业务。

与之形成强烈对比的是，京东便利店顺应时代潮流，走出了一条全新的发展道路。其值得业界借鉴之处有如下几点。

顺应趋势，建立智慧门店。

2017 年京东提出无界零售战略并开始实施京东便利店计划，这一战略计划顺应了新零售的发展趋势。京东便利店内安装了集商品管理、顾客管理和营销服务于一体的智能门店管理系统，该系统利用大数据优势进行智能补货和智能上货，根据消费者画像给予门店智能补货、智能选品以支持，并与"京东便利 GO"小程序打通，实现实体门店和"京东便利 GO"数据、会员、库存一体化管理，店主通过一部手机即可管货、管钱、管顾客。"京东便利 GO"也是连接京东商城、线下门店与消费者的纽带，真正做到了充分整合资源，实现多方共赢。

整合资源，高效赋能店主。

依托京东商城强大的正品货源优势，京东便利店店主可通过京东掌柜宝批量采购全品类物美价廉的商品，进货无忧。在物流支持上，更有京东物流到店服务，高效快捷。针对高频快消品等需求，京东还联合中小经销商、批发商等建立联合仓，为周围3～5公里内的京东便利店快速配送货品。

门槛较低，多项增值服务。

与其他品牌便利店动辄需要5万～10万元的加盟费不同，京东便利店对所有的合作店主都免收系统使用费、品牌合作费、培训费，只收取5 000～2 0000元的质保金，此外还提供代收包裹、充值缴费、家政维修、保险理财、文件打印、爱心捐赠等增值服务。

02 三网合一的社交店商，社交店商新模式

为企业设定经营方向，然后根据经营方向进行企业资源配置，其最终目标是实现引流。因为，在没有流量的情况下经营产品，就像对着空气打拳一样，再费尽心力也只能得到资源被浪费的结局。

商业时代的发展过程中，电子商务与实体店结合带来了新零售，电子商务和微商结合带来了社交店商，微商和实体店结合带来了圈子店商，发展到今天，形成了微商、实体店、电子商务三网合一的社交店商新零售模型，这就是社交商业的商业模式。

搭建流量入口，做大流量池

所有商业的核心关键包括两点：一是如何获取庞大的用户流量；二是如何对现有的流量进行变现。获取庞大的用户流量，是实现变现盈利的先决条件。那么，在找到下一个流量增长点之前，我们先来了解流量变迁经历的阶段。

第一阶段，店铺流量阶段。这个时期店铺租金较低，获取流量的成本也不高，属于流量的红利期。

第二阶段，电视流量阶段。这个时期的企业通过投放电视广告来获得高关注度，在电视广告的发展初期，广告费用并不算高，效果却非常显著。

第三阶段，PC端流量阶段。这个时期是全民上网的时代，是线上流量高速增长的红利期，很多线上电商都是在这个阶段抓住了流量增长点。

第四阶段，移动端流量阶段。这个时期全民置换网络设备，智能手机快速更新迭代，很多之前必须用电脑完成的操作，现在一部手机就能解决，社群店商便在这个阶段产生。

从流量变迁的几个阶段可以看出，随着移动端流量阶段的到来，以往的销售、购买过程，在一部小小的手机上就能完成，所以未来的流量将被分散到各个角落。但是有一点非常明确，即流量池到哪里，财富就将在哪里产生。当智能手机已经完全融入人们的日常生活，变成工作、购物、休闲娱乐必不可少的工具，流量增长点即转移到手机上。

如今的流量分布在以百度为代表的搜索平台，以淘宝为代表的商品平台，以头条为代表的新闻平台，以微博为代表的自媒体平台，以微信为代表的社交平台和以抖音为代表的娱乐平台。只要有人存在的地方，就有流量，流量的分布无处不在。而可以实现上网功能的智能手机，显然已经成为新流量池。

"去中心化"模式的社群建立和运营机制。这里所说的"去中心化"指的就是社群以用户为中心，以实现用户需求为主题，即实现"领袖声音无法盖过群众声音"的群，才是一个可以留住流量、把控流量的高效社群。

建群之初就带有"强目的性"。微信社群的建立并非偶然，而是从一开始就带着各自的目的和资源。无论是群主还是群成员，都需要在微信群里各取所需，即实现自己的最初目标，从而使社群迸发出其应有的活力。

群成员是当之无愧的主角。盘活社群流量，需要以群成员为核心，围绕他们的需求来运营社群，让群成员的每一次发声，都能被群管理者听到，并做出相应的答复，如此方能经营一个用户黏性高、活跃度高的高质量微信群。

做到"直白"与"极简"。让流量的积累不再局限于传统人脉,也不需要通过漫长的人际关系寻找,更不需要通过企业间辗转多人多流程的资源对接,只需要把人脉圈构建成私域流量圈,资源需求的流动就会如鱼得水,畅通无阻。

"周导读书——圈商会":社群引流、变现操作

社群营销轰轰烈烈,"周导读书——圈商会"是成功实现社群引流和变现的典型案例,总结起来主要有以下几种操作技巧可供学习借鉴。

技巧一:打造价值无限的圈子。圈商会聚集了来自全国各地热爱学习的精英,

群成员加入圈商会的目的主要是学习商业知识。圈商会为群成员量身定制了三个板块的课程，主要包括重构未来、逆向盈利和赚钱36计。这三个板块从理论知识提升到实际操作，让群成员逐渐进阶升级，为群成员打造价值无限的商业知识学习阵地。

技巧二：社群运营有方略。圈商会通过仔细考察和研究，制定出最优质的群消息发布策略，选择群成员反馈率最高的时段进行定时和不定时的信息推送。与此同时，还制定了清晰的群成员奖励机制，以及群成员引流转化的量化激励措施。

技巧三：以人为本经营社群。圈商会始终围绕用户需求，用自己的价值对标用户需求，做好引流。同时，以人为本经营社群也进一步提升了社群的活跃度和变现转化率。在以人为本的社群经营理念指导下，圈商会通过社群成员的朋友圈给自己贴上标签，比如"商业经营进修班""重构新商业模式学习阵地"等。标签化后会更容易被用户记住，也能增加用户主动添加的欲望，让社群引流和变现变得更容易。

03 实体店社群十二大体系：帮助企业合理配置资源

风云变幻的商业时代，各种不确定性时刻存在，商业模式也在不断更新迭代。不论是企业经营还是门店管理，若要让企业或实体门店在复杂多变的市场环境中立于不败之地，实现企业和实体门店资源的合理配置，都需要经营者以流量为导向，以经营人为核心，做好实体店的社群经营，衔接好线上和线下流量，做好引流和变现。

体系一　入门体系——会员制

① 会员制吸引入门级会员

门店生意难做，关键不是自身产品质量不过硬或服务不够好，核心在于流量分散。到店流量获取成本高，到店消费客户逐渐减少，是当前广大门店面临的共同问题。如何开辟流量入口，吸引众多客户纷至沓来呢？会员制就是一个重要的方法。

会员制即门店通过设置会员权益，通过给会员足够的优惠和服务，来增强与会员之间的黏性。会员制吸引会员的核心竞争力主要包括消费优惠、情感归属及服务。

Costco（开市客）：只要成为会员，就享受低价购轻奢品

Costco 是美国的第二大超市，仅次于沃尔玛，也是一家会员制仓储式超市。由于其商品物美价廉、性价比高，深受广大消费者追捧。而 Costco 销售产品只是其引流的手段，其主要利润是会员的会费。

2019 年，Costco 进军中国上海，吸引上海市民广泛关注，无数市民排队抢购，场面堪比我国每年的年货购买现场。目前，Costco 已经相继在上海、苏州、杭州和宁波等地开有五家店。总结其成功的原因，主要在于采取了如下几种营销方式。

年度 299 元会员制。年度会员 299 元，会员享受低折扣商品优惠。一年内不论任何时候都可以退费，而且是全额退费。

无期限退货制度。任何商品如有质量问题或者不满意，任何时候都可以全额退费或者免费更换。

无限量试吃制度。这一点为喜欢品尝的顾客提供了便利，部分人可以如同参加美食展一样从头吃到尾，一圈下来足够吃到饱，从而吸引了大量的客户流量。

超低的商品折扣价。2019 年 8 月 Costco 进军上海的时候，茅台

酒只卖1 499元一瓶，是当时市场价的一半左右。不仅茅台、爱马仕等奢侈品折扣力度大，其他普通商品的性价比也较高。

爆款商品提高周转率。Costco的商品虽没有沃尔玛那样大而全，但是每一种类的商品都有代表性爆款，大大减少了客户挑选商品的时间；同时因为商品总体数量不多，直接降低了库存成本，提高了周转效率。通过批量采购、高速周转，让消费者享受超低折扣，最大限度让利消费者。

沃尔玛山姆：为会员营造高品质购物环境

山姆会员商店是沃尔玛旗下高端会员制商店，目前在全球有800多家门店，在中国20个城市有26家门店。

定位中产家庭，提升其购物体验。与Costco门店选址一般在偏远郊区和商品实现超低折扣不同，山姆会员店主要面向国内消费能力强的中产家庭，比较注重商品的高质量和良好的购物体验。商店绝无一般门店的拥挤，而是拥有类似麦德龙一样3米宽的通道。

打造"卓越会员卡"。山姆通过加入会籍这一双向选择，精准定位服务人群，从而提供更有针对性的商品、服务和权益。"卓越会员卡"主要围绕中产家庭的生活需求，旨在为会员打造更精准和个性化的生活解决方案。

② 建立联盟，共享用户资源

现代科技不断发展，互联网技术越来越发达，智能手机日益普及，这些都是流量被分散的主要诱因，导致获取流量的成本随之提高。面对市场流量日渐分散的现状，建立同行业或跨行业联盟就成为实体门店优化资源配置、共享客户流量的重要手段之一。

其中，跨行业联盟是指不同行业的商家门店通过资源整合，组成一个利益共同体，通过客户流量共享，实现客户量的增加。和同行业联盟相比，跨行业联盟可以有效规避商品类别相同带来的巨大竞争力，以达到共赢，最终实现多赢。

例如：某公司搭建跨行业商家联盟

某公司为打造多样化的网上商城，选择与多家跨行业企业合作，让这些企业充分发挥自己的资源优势，实现资源互通、客流互用等合作。与此同时，还采取了形式多样的营销形式，成功实现了引流。它的具体做法主要如下。

招募商圈内 20 个商家。在附近同一条街寻找 20 个不同行业的代表商家，共同构建跨行业商业联盟，共同搭建线上商城平台。每个商家的目标为日均营业额 5 000 元以上，保证每家有稳定的客户群体和流量，同时每个商家每月向平台支付 100 元服务费。

开展会员满 200 送 100 促销活动。搭建线上平台跨行业商业联盟之后，用户在一个商家消费满 200 元即送 100 元代金券，此代金券可以在联盟中的任一商家消费使用。这不仅可以为赠送代金券的商家带来

建立联盟
共享用户资源

Share Resource

第五章 | 157

回头客，还可为合作商家带去客流量，实现了互助引流。

线上商城利润获取。平台除了获取每个商家每个月100元服务费，即一年2.4万元收入之外，还可获取商家联盟营业额10%的佣金。按照每个商家每日5 000元计算，平台每天可获得10 000元的最低收入。如果商家数量扩大或营业额超过5 000元，则获取的收益更大。

③ 举办丰富多样的营销活动

流量成本增加的一个重要原因还在于现代社会人们相互之间的信任成本不断上升，而通过熟人进行业务拓展则较容易打开局面。因此，需要不断将陌生人培养成有信任感的熟人。

丰富的营销活动，增加用户信任度。线下门店可以定期或不定期组织会员举行聚餐、户外健身、唱歌、旅游、足球赛、篮球赛、读书会、公益音乐会、明星演唱会等丰富多彩的文娱活动，在建立融洽的关系后，适当植入营销，发展一批优质的会员，提高彼此信任度。

提供会员优惠政策，增加用户黏性。在彼此信任的基础上，还需要不断为会员提供丰富、实惠的购物福利，满足会员购物需求的同时，不断完善会员权益体系，健全会员权益保障制度。完善的会员优惠政策和会员权益保障体系，会吸引更多的会员进行转介绍，实现用户的裂变。

体系二　引流体系——爆品制

① 打造爆款产品

爆款产品一般来说能超出用户预期或认知，使其愿意主动分享。因此，每一个商家都可以借鉴如下措施，打造自己的爆款产品。

明确产品定位。 爆款产品要与企业品牌相匹配，与品牌特点相结合。爆款产品不应该成为转瞬即逝的流星，而应该缔造经典，成为消费者心目中的怀念与追忆。因此，要尽力挖掘产品的历史文化内涵，赋予其厚重感和人文情怀，要通过讲故事，在消费者心目中留下明晰的特色印记。比如东坡肉、东坡肘子的历史渊源，可以联系苏东坡的相关故事，为品牌背书，进而进行宣传和营销。同时，产品对应的目标市场和消费群体等也要有清晰的用户画像。

打造爆款品类。 打造爆款产品应该从品牌底蕴出发，综合考虑自身定位、市场同业竞争情况、用户消费习惯等多个维度。爆款不是单个岗位或某个人员的闭门造车，而是需要整个运营团队的精心策划、市场调研、营销推广、数据分析等系统工作。

确定爆款价格。爆款产品的价格是较为敏感和关键的问题，直接关系到营销效果和消费者的接受程度。一般来说，爆款产品要具有高性价比，价格上要具有竞争力。以直播带货为例，知名主播销售的产品之所以畅销，一个主要原因就是有批量拿货的价格优势。爆款的定价低于同类产品价格的 20% 左右即可，定价过低会让消费者质疑产品质量。

制订营销方案。打造爆款产品也可跟踪和借鉴当前热门的产品，但不宜生搬硬套，而应该在原有产品的基础上进行必要的创新。在营销推广上，也应该坚持创新，这需要团队进行专业策划和包装。比如结合相关热点进行事件营销，采用短视频、直播、微信、微博等多种传播方式，达到快速传播、营销的效果。

② 每周要有特价产品

特价产品对于线下门店和线上电商来说都是非常重要的，具有吸引新客户、维护老客户、活跃交易量的作用。比如在"京东到家"就可以经常看到每周五或周六日合作超市、生鲜店家的特价产品，一分钱四个鸡蛋、一角钱的生菜等。

特价商品对于很多消费者都具有强大的吸引力，有时一款特价商品可能引来新的客户流量，或者是让老客户养成每周购买特价商品的习惯，这也会提高他们购买其他商品的频率，从而大大提升用户复购率。特价产品的促销频率，可以定为每日、每周或每月，具体根据门店的情况而定。

③ 理性应用消费券营销

消费券作为引流手段，其作用旨在刺激消费，增加门店的成交额和销售业绩。但消费券的策划和使用也需要注意细节管理。

鼓励多频次消费。比如消费 300 元送 100 元消费券，可以设计成一次抵扣 20 元，分 5 次抵扣完毕。这样做旨在引导消费者频繁到店消费，增加消费额。

设置有效期限。消费券不是长期有效，必须设定一个到期日，刺激消费者尽快使用消费券，以快速回笼资金。

科学设定折扣。打折会直接影响门店的利润和切身利益，如果轻易打折，会打乱商品的现有价格体系，并且容易误导消费者。从消费心理学角度来看，如果打折后再恢复原价，消费者心理上会不容易接受。

在提高商品原来价格的基础上打折，搞名义上的"打折"，这种做法同样不可取，因此长期如此会逐渐失去消费者的信任。折扣的设定需要结合市场规律和消费者心理，既让消费者得到实惠，也能达到引流的目的。

消费券注意事项： 设置消费券的目的是引导消费者复购，因此消费券不能兑换现金，更不提供找零、退款及挂失服务。应制定好消费券的发放和使用规则，并事先向消费者说明。

体系三　黏性体系——套组制

① 打造高频次产品

无论是入口体系还是引流体系，最终目的都是实现引流并引导消费者消费。那么，实现引流后，接下来就是要留住客流。维护好门店与客户的关系，不断提高客户黏性，增加他们的购买频次，这些都需要完善的黏性体系。

黏性体系旨在增强门店与客户之间的黏性，培养用户的消费习惯，逐步提高某消费频率。商家需要打造让客户高频次消费的产品。比如，很多人每个月都需要理发，那么理发就是一个高频次消费的产品。

高频次消费产品常引来众多忠诚度较高的客户进行多次消费，当他们形成消费习惯后，会定期到店消费。比如很多洗车行制定了会员洗车优惠制度，实际上就是引导消费者在会员卡内储值，然后刷卡消费，并根据消费频次给予适当的优惠，消费频次越高，优惠力度越大。

设计高频次消费产品相当于用产品套住客户，形成一个完整的消费体系或消费套餐组合，即套组制。比如，某餐馆的水煮鱼 98 元 1 份，为了增加客户到店消费频次，可以设计为 240 元 3 份（可累加），让客户感受到使用这种套餐组合消费可以享受到更大的优惠，从而实现客户的多频次消费。

② **充值卡赠送积分**

充值卡赠送积分是比较常见的营销模式，比如每月在中国移动充值话费后都形成积分，积分可以兑换礼品。设计这一营销模式，需要注意以下几点。

礼品设计有规则。中国移动、商业银行等会员积分兑换的礼品，礼品价值在 1% 左右，即会员充值或消费 100 元，用积分兑换的礼品价值在 1 元左右。礼品要选择单品价格较高，但是通过合作或者是大批量采购成本较低的产品，这样利用积分兑换可以让客户感觉到商品的贵重，从消费心理学角度来说满足客户"占便宜"的感觉，从而促使客户重复充值或购买。

积分不够花钱凑。并非每一名会员充值和消费的额度都足够支撑用积分兑换自己喜爱的礼品，针对这种积分不够兑换礼品的情况，可以推出积分不够花钱凑的服务。比如原有积分只能兑换一个充电宝，客户想得到一个电磁炉，所差的积分可以通过在线支付现金的方式补足。这样既能扩大商家的礼品销售额，也能让客户兑换到自己喜欢的商品。

会员分层个性化服务。 针对不同的充值或消费金额，实行会员分层设计。对于高端会员，则可给予更多个性化定制服务。在积分获取上，高端会员可以得到更多的积分，积分可以兑换更多的会员权益，比如达到一定积分可以兑换机场贵宾厅候机服务等。

③ 卡项设计管理

卡项设计是门店引流拓客、养客、留客的重要渠道和手段，这在美容门店尤为常见。通常在缺乏客户的情况下，美容门店会推出各种各样的会员卡、储值卡、美容卡、疗程卡、项目卡等。

设计卡项优惠时最好不要在一开始就给予各种折扣优惠或福利体验，因为根据边际效用递减的规律，最初过多优惠会影响后续的推广。营销是一个系统的工程，不同的阶段要有不同的策略和手段。如果一开始就给足了客户体验，后面可能就很难让客户持续产生兴趣了。下面以美容行业的卡项设计为例，介绍卡项设计管理的思路。

入门卡。 也就是拓客卡，可以设置服务周期短、见效快、有价格优势的项目，意在发展种子会员，开设的

礼品设计有规则

积分不够花钱凑

会员分层个性化服务

原则是前期能维持收支平衡。

体验卡。专为新到店的客户而设计，可推荐门店内业务成熟度高且利润较高的项目，体验价不建议设置太低，给予适当优惠即可。

特惠卡。当新客户转为老客户，开始多次到店消费时，说明客户对门店项目质量和服务比较认可。这时候要想办法留住客户，激励客户更频繁地消费，此时特惠卡的设计就显得很有必要了。特惠卡可以给予客户特别的优惠和福利，比如在客户生日当天给予到店消费特惠价格，适当赠送小礼品，或者送生日蛋糕、鲜花到客户家，让客户体会到门店的用心。

综合卡。综合卡是一种打包服务，当客户在门店连续体验若干个不同的项目后，可以综合客户消费情况，设置打包服务套餐。比如 2 000 元原先只能做两个美容项目，使用综合卡可以增加一个新的体验项目。

疗程卡。这是美容店相对能留住客户、创造价值的卡项，即保持服务品质的始终如一，做好过程跟踪，用心服务，争取老客户转介绍新的客户来体验，实现新一轮客户裂变。

体系四　盈利体系——带客制

① 打造差异化产品

当同质化竞争成为市场竞争的常态时，打造差异化竞争产品就成为企业实现突围的必经之路。打造差异化竞争产品的关键是实施差异化竞争战略，差异化竞争战略的目标在于在激烈的市场竞争中突围，打造核心竞争力，走出一条可持续性发展之路。

差异化竞争战略，也称特色优势竞争战略，是指企业在满足客户需求的前提下，在激烈的市场竞争中从自身实际和特色出发寻找自己的优势，突出自身产品或服务等方面的差异性，保持与众不同的竞争优势。

企业实施差异化竞争战略，要求无论是资源配置还是门店运营，都采取差异化经营战略。要做到重点产品重点开发，在资源配置过程中，势必要分配更多的资源，以重点打造差异化产品，用新奇特的产品吸引用户目光，抢占市场流量。只有这样，才能使得自己的产品和竞争对手区分开来，才能更好满足用户的需求，在当前激烈的市场竞争中保持优势。

小乔跑步机："跑步机中的小米"

小乔跑步机诞生于 2016 年，被誉为"跑步机中的小米"，至 2018 年年底已超过 30 万户家庭使用小乔跑步机。该品牌的成功就在于重点打造差异化产品，具体做法如下。

美丽颜值，女生青睐。

传统的跑步机多为沉闷的黑色，略显笨重。而小乔跑步机则选择时尚明快的银白色系，重点面向年轻女性客户，得到女性客户的青睐。

轻巧便捷，可以折叠。

传统的跑步机大而重，占用空间大，无法折叠，操作麻烦。小乔跑步机只有 34 千克，迷你款只有 17 千克，一个年轻的女孩子完全可以搬得动。关键是可以折叠，大大节省了室内空间，对于租房者来说尤为便捷。

室内静音，居家健身。

传统的跑步机有较大噪声，如果放在家里使用，容易扰民。但是使用小乔跑步机则完全没有这样的顾虑，可以在家安心跑步，将家变成安静的健身房。

智能娱乐，运动社交。

传统的跑步机功能单一，不具有其他属性。小乔跑步机为高科技智能产品，手机 App 智能连接，可以在线参与直播，跟随网红教练学健身，也可在线和粉丝们一起 PK，体现了智能化、娱乐化和社交化功能。

爽然纸尿裤：让婴儿走进"时尚圈"

爽然纸尿裤在 2017 年双十一期间从国产纸尿裤销量排名五十多冲到了销量排名第二，2018 年双十一更是冲入了全球纸尿裤销量前十。爽然纸尿裤从国内外诸多纸尿裤品牌中脱颖而出，其成功之处就在于打造了差异化的产品卖点。

挖掘市场需求，为"不一样"而准备。爽然纸尿裤请来的专业策划团队调研发现，纸尿裤最初都是千篇一律的白色。年轻的宝妈们都喜欢分享宝宝们的照片，但一般不拍宝宝们的下半身，就是因为纸尿裤的色调过于单一，穿着纸尿裤不太好看。

爽然纸尿裤新上一批生产线，打造美丽时尚新潮的纸尿裤，将原本白色的纸尿裤印上了美丽图案，变成了一条时尚的婴儿裤，宝妈们可以给宝宝们拍全身照在朋友圈分享。新产品一经上市，便深受消费者追捧。

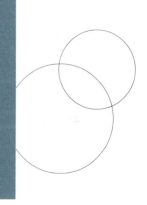

② 跨行业、相关性产品实现盈利

为构建企业盈利体系，除需要打造差异化产品外，还应结合跨行业相关性产品，提高产品丰富性，充分迎合消费者需求。

构建相关性产品。打造差异化产品本质上是通过差异化打造爆款产品，但门店在日常经营中还需要常规的相关性产品。相关性产品在于满足用户的多元化需求，起到相互补充、调剂余缺、相互转化的作用。比如门店中的咖啡伴侣和咖啡冲剂、手工水饺和速冻水饺等，都是相关性产品的代表。

根据消费群体定档。相关性产品也应根据不同的用户消费群体、产品的档次来布局，这样会给用户更大的选择空间，增加门店的盈利机会。可以在陈列商品时将相关性产品尽可能摆放在一起，方便用户一站式采购。比如在速冻或手工水饺的旁边放上辣椒酱、老干妈等调料，对消费者起到提醒作用。

发展跨行业产品。发展跨行业产品是企业在原有经营范围基础上转型销售其他产品，实现多元化经营。企业跨行业经营主要有两种情况：一种情况是企业在正常商业环境中主动转型，探索跨行业经营；另一种情况是企业在特定商业环境下受突发事件引发的市场需求驱动而转型进行跨行业经营。

③ 实现各产品组合制

在当今竞争激烈的市场模式下，差异化战略和差异化产品是不少中小型企业实现弯道超车和逆袭的路径，也让很多品牌在激烈的市场竞争中成功突围。对于一些巨头企业来说，则可以依托自身强大的资源配置整合能力，实行各产品组合制，进行广泛的产品布局。

宝洁公司：用产品生态布局广罗市场流量

创建于1837年的宝洁公司，是全世界最大的日用消费品公司之一，旗下品牌和产品非常丰富，几乎处于行业垄断地位。比如被大众熟知的帮宝适、汰渍、护舒宝、沙宣、舒肤佳等知名品牌，都是宝洁公司的产品。宝洁利用自己的资源优势，打造出丰富多样的日用消费品牌，增加了市场的占有率，让客户流量的获取范围更广泛。

金龙鱼：用品牌矩阵占领高、中、低端市场

2020年10月15日在深圳证券交易所创业板上市的金龙鱼，是粮油行业内的巨头企业。依靠其强大的资源优势，经过多年的发展布局，以金龙鱼为核心的益海嘉里集团在金龙鱼的基础上，建立了拥有16个品牌的品牌矩阵，金龙鱼、欧丽薇兰、胡姬花、香满园、海皇、丰苑等都是其旗下品牌，且这些品牌在高端、中端和大众低端消费群体中均有布局。这种多档位组合的品牌战略，有利于企业抓住不同消费水平的消费者。

体系五　延伸体系——课程制

① 各种课程培训学习

当今社会是学习型社会，学习对于任何行业来说都是必备的功课。对于实体门店的经营者来说，需要重视门店员工和门店顾客的培训学习。

门店员工的培训学习。门店员工既包括以店长为代表的管理层，也包括一般工作人员，这两者在培训学习上应该各有侧重。门店管理层应重点学习门店的经营管理、人员管理、营销策略、推广技巧，尤其是数据营销、用户裂变、用户运营等核心知识。学习方式包括线下培训课程、线上知识付费课程、个人自学充电、请教专业人士等。一般工作人员则应该重点学习产品体系、营销技巧、支付结算、客户服务等，学习方式以线下或线上内部培训为主。

门店顾客的培训学习。针对门店顾客，应侧重公益性百科知识讲座，旨在通过普及行业知识，分享健康、理财经验等，加深顾客对门店的认知和信赖度。对门店顾客的培训可应用会议营销策略，培训中可开展现场知识竞答、免费抽奖等方式，发展一批入门级准客户。对于部分行业，如美容、养生行业，可以针对客户设计相关培训课程，每周或每月组织培训学习，为门店营销奠定基础。

② 店内向店外延伸

店内向店外延伸，要求门店不应局限于店内经营，还应拓展店外营销渠道，从本质上看，这属于圈子店商的打造。门店外的运营空间更为开阔，店内向店外延伸后，大大扩展了可运营操作的范围，为打造圈子店商打下了更广泛的流量基础。做好店内向店外延伸，打造属于企业自己的圈子，发展圈子店商，可以从以下几个方面入手。

从熟人资源入手。无论是企业资源配置还是门店经营，都是资源整合的过程。首先最容易操作的就是从目前已有的资源入手，如身边的熟人、亲戚等。通过熟人转介绍，可以为门店获取一批优质客户，尤其是一些高端人脉流量，大大促进门店效益的提升。

联系周边商家谈合作。为打破流量瓶颈，企业需要加强与周边商户或企业的合作，拓展跨行业商家联盟，通过共享用户资源的方式实现店内向店外的延伸，拓展业务。

资源互换和用户积累。从各种各样的线上、线下圈子入手，比如所在社区健身群、小区业主群、户外旅游群、汽车俱乐部群、同学群、老乡群、金融理财群、健康养生群等，联系社群负责人，获取部分意向客户，发展为本企业或门店的会员。

自媒体渠道宣传。尝试微信朋友圈、微信公众号、自媒体号、网络直播等多种新媒体方式，充分挖掘私域流量。需要注意的是，私域流个人微信公众号、个人自媒体号走图文视频内容营销路线，积累一定粉丝后，再开通微信商城或建立粉丝群进行推广。个人直播则是短视频互动分享，可以从分享行业科普知识、公益健康、生活感悟、理财经验、知识培训等入手，积累流量后再植入业务营销。

体系六　促销体系——年度制

促销体系是指企业年度内实施的有计划、有针对性的一整套促销方案，而非企业的常态化营销活动。没有计划性和针对性的促销活动，很容易误导消费者，降低消费者对企业产品的信任度。年度制的促销体系可以从如下几方面着手。

① 客量优先来引流

随着新零售时代的来临，众多企业都将面临流量瓶颈的问题，引流获客成本提高、锁客难、客户黏性无法保证，这些都是亟待解决的问题。所以，企业想要盈利，首先要有客户、有流量，才能在后续的营销活动中取得利润。

洞悉客户需求。任何商业模式的起点都要以客户为中心，因此企业或门店必须做好用户调研，明确促销的客户群体，摸清客户诉求，了解其消费需求和习惯，最终达到洞悉客户需求的高度。只有这样，才能开展有针对性的促销活动。

盈利思维由利己转为利他。传统店铺过于注重短期利益，往往只做一锤子买卖。其实，无论日常经营还是促销活动，都应该站在客户的角度思考问题，在为客户解决问题、提供服务、创造价值的基础上开展促销活动。只有满足客户需求，提升客户购物体验，才能真正实现企业价值。

找对促销的切入点。如果把促销看作一场短暂的营销战，那么就要"师出有名"。做促销需要一个切入点或者理由，比如十周年店庆、国庆节促销等。找到切入点后，才能赋予促销活动主题，让消费者在参与活动的过程中更有代入感。

② 促销变现是目的

促销以变现为目的，旨在快速回笼资金，寻求投资回报。比如2020年国庆节期间，恒大地产全国楼盘项目打七折，颇能看出开发商的促销诚意和对现金回笼的渴求。但是，在寻求促销变现的过程中，还有下面几点需要注意。

促销活动忌死板。制定的促销政策并非一成不变，要学会灵活运用促销政策来达到成交目的。

不宜打造廉价甩卖氛围。现实生活中人们经常看到有些门店用大喇叭喊"挥泪大甩卖""清仓大处理""店租到期清货"等各种促销口号，这种廉价甩卖的氛围容易让消费者留下产品质量不过关的印象，不利于企业的长期稳定发展。

③ 节假日来蹭热度

节假日对于年度内的促销活动来说非常重要，因为节假日里客流量大，客户的消费力和消费频次都会大大提高。因此一个好的节假日促销活动体系，对于充分利用节假日热度来说就显得尤为重要。做好节假日促销，实践中要注意把握以下几点。

专业策划，节奏感强。部分中小门店的节假日促销往往时间较短，有时候流于形式，草草收场。节假日促销应该积极借鉴电商的大型购物节或法定节庆日的促销活动来策划和执行。一般需要提前两个月左右准备和进行活动预热，在不同的发展阶段对应不同的营销策略和活动内容，形成具有开端、发展、高潮和结尾的完整过程，以使整个促销活动具有更强的节奏感。

精致礼品，回馈客户。节假日促销要体现喜庆氛围，传达企业对用户的人文关怀，因此礼品必不可少。选择礼品时，要能体现出企业的用心，选择符合用户需求且性价比较高的产品。

创新形式，营造氛围。节假日促销需要创新参与形式和营销形式。比如，可以采用在线小游戏、原创短视频、话题营销等形式，营造轻松欢乐喜庆的节日气氛，吸引用户的关注和参与，这样将节日氛围和用户对品牌的情感密切结合，可以为提高节假日促销业绩和利润奠定基础。

体系七　推广体系——微商制

"实体店 + 微商"是未来商业的标配。现在主要是"一微一抖",即微信和抖音。

① 用微商运营思维经营门店

全民微商时代演变至今,微商已不再是单纯地卖货,而进化成了消费者、分享者、服务者和创业者的融合。微商将成为未来商业的统称,并将成为未来商业的底层架构。微商应融入经营思想,门店也应参照微商运营思维来经营。

创新商业模式。新的商业模式要求企业改变传统的以产品为中心的思路,转而以人为中心,挖掘用户需求,确定精准的用户画像,进而打造强大的企业平台,结合企业自身情况发展经营渠道和扩展模式,实现流量裂变。

开拓融资渠道。这里的融资包括人才、资金和资源,通过互联网招聘、线下校园或社会招聘、同行引荐等多种方式广纳人才,通过股票上市、私募股权、众筹等多种方式获取充足资金,通过行业协会、中介组织、政府主管部门、媒体等获得各方资源支持。

加大营销推广。营销推广不是简单的促销,而是由专业的营销团队策划一整套完备的营销方案,采用创新的营销方式实现产品的推广,做到流量与销售业绩同增长，大大提升用户的满意度和品牌的知名度。

② 抖音短视频带货和引流

近几年，抖音正处于上升期，在各行各业营销中发挥着重要作用，抖音带货几乎成了企业必不可少的引流和销售手段。

用好 DOU+ 和 POI 等功能。DOU+ 店铺引流旨在提升客户到店率，即客户点击视频进入商品种草页，可以跳转至淘宝、京东等电商店铺，实现用户触达店铺，为成交转化奠定基础。POI 是英文 point of interest 的缩写，中文为"兴趣点"。该功能相当于一个定位，让企业获得独家专享的唯一地址。视频中添加该功能，用户可一键跳转至店铺主页，方便了解店铺地址、客单价和优惠减免信息等。对于门店来说，POI 搭建了线下门店和线上消费者之间直接沟通互动的桥梁，实现了为线下门店引流。

网红打卡助力引流获客。网络红人打卡实体店，通过切身体验分享后达到推广宣传的目的。网红的分享对产品有展示作用，有助于扩大自媒体传播速度和范围，吸引更多客户到线下门店消费体验。

建立完善的常态化直播营销机制。随着直播带货形式的不断普及，越来越多的网络红人、明星艺人、政府官员、电视主持人、企业高管等试水直播，以格力电器为代表的众多大品牌企业也加入了直播营销的行列。这种常态化的直播营销机制，在门店营销过程中具有重大作用。

③ 挖掘未来微信营销的潜力

微信营销目前已经有了较为成熟的经验，但在短视频和直播带货快速发展的趋势下，微信营销还有巨大的潜力可挖掘。

优质原创内容圈粉。无论是企业还是个人的自媒体平台，从图文内容到视频内容，不论何种形式的内容营销，都需要优质原创内容才能圈粉。这些内容或者有深度，可以让用户有所收获；或者有趣，具有休闲娱乐的功能。只有在细分领域深耕细作，才能得到粉丝的认可和持续关注，在此基础之上逐步引入营销手段才水到渠成。

重视小程序的作用。微信小程序2017年上线，一开始并没有引起业界太大的关注。但是至2020年10月，小程序已经产生超过5 000亿元的交易量，可谓成绩斐然。小程序具有操作简单、无须下载等优势，更适合线下门店引流，因其用户

微信营销

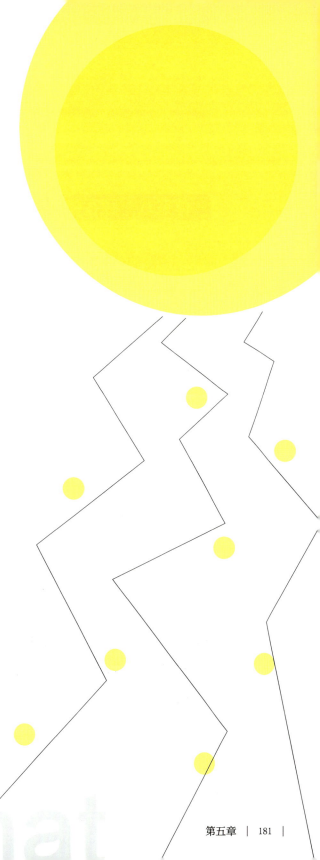

第五章

体验好，功能强大，营销效果显著，故在餐饮、商超等各行业得到了广泛应用。

体系八　顾客体系——闭环制

① 微信群构建学习闭环

微信在人们的生活和工作中发挥着重要作用，微信群同样如此。最近几年，经常能看到各行各业的从业者在微信群里上微课，听群主或伙伴分享，交流学习心得。企业微信还能发挥远程办公作用。而在线下门店运营中，同样需要发挥微信群的作用，构建学习闭环。

构建交流圈子，增加顾客间学习互动的机会。互联网极大方便了人们的生活和学习，只要有一部智能手机，用微信交流既方便又快捷。通过分享交流与互动讨论，圈内成员都能有收获和进步，从而形成互惠共赢、共同进步的良好发展趋势。

微信群应该有明确的规章制度。比如，不经群主同意，不得私自拉人入群；群主题要有明确的范围；要遵循互联网文明守则，群内不得发布骚扰式的商业广告等。与此同时，还应注意线上交流与线下交流相结合，当群内成员彼此熟悉到一定程度，便可以定期举办线下见面会、文娱活动等。

培训内部人员，提升学习能力。微信群不仅可用于同行内交流互动、门店与客户沟通、会员之间分享等，也可作为内部人员培训学习的重要渠道和平台。不同的门店之间，由于距离、地域的阻隔，无法进行面对面的交流学习，便可通过微信群进行内部人员的培训学习。

② **建立更多的兴趣学习社群**

现在的商业模式强调以人为中心，因此门店经营要全面了解会员需求，针对会员的兴趣爱好，建立不同的学习社群，比如国学爱好群、足球爱好群、太极拳爱好群、创业者俱乐部等。建立学习社群的意义不仅在于活跃气氛、增进交流，更在于细分人脉圈和交流圈，方便开展批量营销。对于门店来说，建立兴趣爱好社群有助于批量获客，加强门店内外之间的跨界合作。

2020年中国数字冰雪运动会就是一个很好的例子。该运动会的特色是"电竞+冰雪"，将电竞融入冰雪运动，目的为推广国内冰雪运动和迎接2022年北京冬奥会。运动会以线上竞技为主要内容，以线下冰雪知识问答、VR冰雪游戏体验和冰雪挑战赛等多种维度的互动体验为辅助内容，进行了"电竞+冰雪"大众冰雪运动推广普及这一新尝试。运动会的成功举办，充分说明兴趣爱好社群可以实现跨界合作，对于企业商业活动运营具有积极的借鉴和参考意义。

体系九　服务体系——顾问制

为顺应商业时代的不断发展和满足用户的多元化需求，企业之间的竞争已经不单纯是比拼产品质量和产品价格了，高性价比的产品早已成为企业发展的标配，因此建立专业化的用户服务体系则成了实体店经营的法宝。目前比较流行的用户服务体系是顾问制，即根据用户需求，为客户提供专业化的咨询服务和个性化的定制服务，打造从选购到消费的全流程的服务体系。

① 专业化的咨询服务

挖掘消费者的隐性需求。隐性需求是和显性需求相对应的，显性需求是表面的需求，是用户明确表达出来的需求，比如去门店的目的是买一件衣服；隐性需求则是用户深层次的需求，是消费者并不清晰，需要商家挖掘的需求。比如同样是去买一件衣服，销售人员可以敏锐察觉到客户对美丽形象、气质提升的隐性需求，进而根据客户的容貌、肤色、年龄和性格等，迅速形成专业的搭配方案。这样就可以在挖掘用户隐性需求的前提下，为用户提供科学的上衣、裤子和鞋帽的搭配方案。如果是女性客户，则可以通过建议如何搭配包包、耳饰、化妆品来增强女性魅力等，为客户提供专业化的咨询服务，满足客户的隐形要求。

长期学习，提高专业能力。专业化咨询能力并非与生俱来，短期内也无法速成，需要用心学习，坚持不懈。比如通过对产品知识、消费者心理学、市场营销及沟通技巧的学习等，理论结合实际，在实践中探索，进而培养专业化的咨询服务能力。

② 个性化定制服务的顾问制

个性化定制创造需求。当今的用户需求是多元化的，也是个性化的。尤其是年轻一代消费者更加注重张扬个性，追求自我，时尚前卫。企业应以人为本，迎合消费者需求，打造个性化定制服务的顾问制，即为消费者提供定制化的服务，让消费者体验私人顾问的定制服务。现在各行各业的定制化顾问服务并不少见，比如个性化定制汽车、个性化定制珠宝首饰、个性化定制包包等。通过个性化的服务，创造新的市场需求，吸引更多的客户流量。

保证个性化定制服务落地实施。无论是企业经营还是门店终端，都要在充分挖掘用户隐性需求的基础上，确保个性化定制服务落地实施。一是战略上重视。经营思路和方向上要有用户思维，有个性化定制服务的总体计划和安排。二是战术上精进。营销和促销中要进一步挖掘用户需求，进而在营销实战中围绕用户需求做足文章，为用户提供更加细致、贴心的个性化定制服务。三是要利用好大数据、人工智能等智能科技，提升用户体验，高科技护航个性化定制服务落地实施。

普森电器：用3D云设计让用户在门店直接"看"到未来厨房

知名厨电品牌普森电器成立于2009年，位于有"中国厨具之都"美称的浙江绍兴嵊州市，2018年就开始探索个性化定制之路。2018年普森电器与3D云设计领导者酷家乐软件展开深度合作，利用酷家乐的3D、VR、AR、AI等功能，让全国的普森门店都实现了所见即所得的厨电装修体验。

走进任意一家普森终端门店，消费者只需说出自己的个性化需求，工作人员轻点鼠标，10分钟内，就能在虚拟世界里体验整体厨房的装修效果。这一全新的服务体验在销售前就可提供给客户，以个性化定制和产品组合的销售模式改变了以往只销售单一产品的被动方式，同时满足了客户的个性化需求，深受客户欢迎。

体系十　产品体系——提成制

① 产品类型及产品体系要点

谈到产品体系，需要先分清产品类型。产品类型主要包括名气型产品、跑量型产品、利润型产品和周转型产品。所谓名气型产品即指网红爆款产品，有一定的品牌热销度，侧重于引流；跑量型产品不注重利润，或者单价利润空间不大，需要足够大的数量才能形成规模效益，侧重于薄利多销；利润型产品则是以追求高利润为目标，通常定价较高；周转型产品具有调剂余缺的作用，是名气型产品、跑量型产品、利润型产品的有益补充。

产品体系的要点可总结为三句话：**有形结合无形，服务结合零售，硬件结合软件**。也就是将有形的产品与无形的服务相结合（有形的门店背后是无形的圈子人脉），零售的行为需要服务支持，店面的硬件设施和支付清算系统（如微信软件等）相结合。

有形结合无形

服务结合零售

硬件结合软件

② 点线面型产品体系实现提成获利

在当今用户和流量为王的时代，企业的发展依然离不开产品体系的基础支撑。只是与过去传统意义上的产品体系有所不同，现在的产品体系需要点、线、面结合，"点"是指爆款产品，"线"是指用户黏性，而"面"则是指盈利型产品。通过点线面型产品体系扩大流量入口，实现利润最大化，主要有以下三个步骤。

"以点展开"，集中力量打造爆款。爆款的首要目的不是获取利润，核心在于引流。想尽一切办法先把人吸引过来，让用户的目光聚拢过来，努力增加人气，有了人气生意自然好。要打造爆款，可以采取线上和线下相结合的方式，通过门店线下营销和微信公众号、小程序、抖音短视频等线上渠道相结合，在短时间内打开局面。

"以线连接"，打造常规产品。通过爆款产品实现引流后，单靠爆款产品远远不够，消费者日常生活中需要的常规产品也必不可少。这些产品好比细水长流，能巩固门店的用户群体和流量基础。

"以面获利"，提高利润提成。在爆款产品实现引流和常规性产品维持日常运转的基础上，门店还要有自己独特的、区别于其他门店的新奇特或高精尖产品。这样的产品好比拳头产品，是创造门店利润的主力军，可最终实现"以面获利"，提高企业的利润率。

体系十一　管理体系——承包制

① 管理体系内部的角色分工

完备的管理体系无论是在企业内部运营还是外部产品营销中，都具有非常重要的作用。可以说管理的好坏决定着企业的未来发展。有效管理的关键是选对人并做好角色分工。企业选人，需要做到人尽其才，让企业人才充分发挥各自的能力优势，根据自己的角色分工，做好本职工作，彼此配合做好企业的经营管理。

企业的管理离不开两个角色，一个是董事长，一个是总经理。董事长负责资源整合和宏观把控，总经理负责内部运营管理。

门店运营中同样有两个角色，一个是老板，一个是店长。老板要懂得下放管理权，让店长帮自己打理门店，做好内部经营管理，这样老板才能腾出时间来研究市场，制定战略，走出去学习别人之所长。因此，管理体系中的这两个角色，一个主外，一个主内，两方面通力配合才能做好企业或门店经营管理。

② 承包制为代表的激励制度

要稳定管理团队，董事长或老板还需要实施必要的激励制度，与总经理或店长构建利益共同体，这样才能充分调动总经理或店长工作的积极性和创造性。一般来说可采取以承包制为代表的如下三种方式。

承包制。现代企业中，个人或企业向项目管理方缴纳固定承包费用，双方约定利润分成，然后自主经营、自负盈亏。在企业中，应用承包制，可以使企业产生一种具有活力的新的经营机制，促进企业在市场竞争中良性发展。比如，门店老板将店面以一定的费用承包给店长和骨干店员，店铺自主经营、自负盈亏，需要自己承担租金、水电费、人员工资、福利、日常维护费用等开支。在进货上，享受较低的折扣。老板和店长约定具体经营目标，如果超过业绩目标，超过部分按照一定的比例分成。店长在获得这部分分成后，可以和店员进行再分配。这种经营方式下，店长、店员的收入和门店经营业绩紧密挂钩，能够充分调动店长和店员的工作积极性。

股份制。股份制亦称"股份经济"，是指以入股方式把分散的、属于不同人所有的生产要素集中起来统一使用，合理经营，自负盈亏，按股分红的一种经济组织形式。股份制可分为干股和实股两种情况。干股是店长或总经理并没有出资而享有企业或门店给予的虚拟股份，本质上属于股权激励。持有干股的人实际上并不拥有实质性的股份，不具有对公司的任何控制权，只是拥有按比例获取股票分红的权利。实股则是店长或总经理等以真实资金等出资入股，拥有实实在在的股权，可以参与公司的决策，股权也可转让。

租赁制。也称承租制,出租方也就是产权所有方,比如房东、老板(甲方)等,将房屋、门店、商铺等租赁给承租方(乙方),承租方定期向出租方缴纳租金,并自主经营、自负盈亏的一种经济组织形式。承包制和租赁制有相似之处,但区别在于,甲方所获得收益是否与乙方经营成果直接关联。承包制下,甲方以固定承包费将门店承包给乙方,双方可以约定各分享税后利润的50%,这时候甲方获得的收益和乙方的经营成果是直接关联的。而在租赁制下,甲方获取的是乙方缴纳的租金,不管乙方经营成果如何,有无利润,都要按时足额缴纳租金。

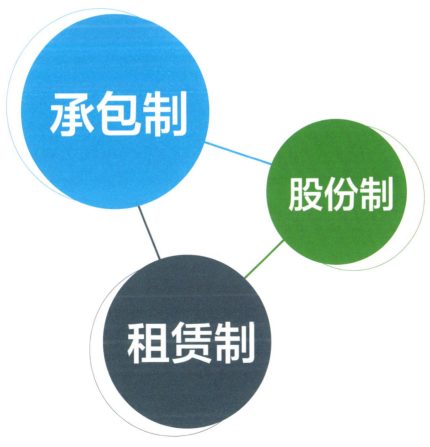

体系十二　复制体系——连锁制

① 复制体系的发展历程

复制体系从发展历程来看，大致可以分为三个阶段。

第一个阶段，连锁化。 创立品牌，实现生产后，进一步实现旗下品牌方面的连锁加盟，逐步打开销售门店的国内外布局。比如海澜之家第一家门店位于南京，至2019年已有东南亚和日本等海外门店近60家。

第二个阶段，集团化。 品牌实现全国门店的布局后，就不单单是"前店后厂"，而是需要集团化运作，包括投融资、平台建设和品牌管理等。

第三个阶段，资本化。 企业发展到一定程度，为了解决长期融资问题而选择在证券交易所上市，实现企业长期成本的资本化。

海澜之家：模式复制实现连锁式发展

2002年年初，海澜之家男装品牌于江苏省江阴市创立，同年9月，海澜之家的第一家门店在南京中山北路开业。2005年海澜集团营业收入超100亿元。2009年海澜之家荣获"中国驰名商标"，2014年4月11日成功在国内A股上市。截至2019年12月末，该公司门店总数7 254家，其中海澜之家系列品牌5 598家，其他品牌1 656家。海澜之家经过十多年的发展，成为国人公认的"男人的衣柜"，实现了成功的模式复制，进而迅速连锁式发展了多家线下门店。

连锁化 | 集团化 | 资本化

- Chaining
- Collectivization
- Capitalization

② **复制体系的五大模式**

复制体系从具体内容和组织形式来看，分为五大模式。

第一是直营模式。直营模式就是所有权和经营权均归公司所有，公司在总部以外的国内外城市设立分公司或分店。这一模式的优点是便于管理，品牌和营销管理等统一集中；缺点是成本高，占用公司流动资金，开设分公司所需的店面租金、人工工资和企业运营等成本和费用较高，往往需要总公司有较强的实力，同时由于成本压力等也不利于门店的快速扩张。当前采用直营模式的品牌或公司有汽车行业的特斯拉、服装行业的七匹狼、珠宝行业的千叶珠宝等。

第二是加盟模式。加盟模式是当前比较普遍的扩张模式。加盟模式是总部品牌授权给加盟商，总部只收取加盟费或品牌授权使用费等，其他的经营管理都归加盟商负责。这种模式节省了总公司的资金投入，降低了运营成本，便于门店的迅速扩张，但是不利于统一管理，加盟商使用品牌过程中可能产生损害品牌形象的情况。具体来说，加盟模式分为特许加盟、委托加盟、自愿加盟、合作加盟和供货加盟。当前各行业都有采用加盟模式的公司，比如餐饮、零售、服装等行业，京东便利店即为特许加盟模式。

直营模式
加盟模式
直管模式
联营模式
联盟模式

第三是直管模式。 前两种模式都有缺点，加盟模式可能伤害用户体验，直营模式则会带来发展缓慢的问题。鉴于此，有效解决这两个问题的直管模式应运而生。直管，顾名思义，就是直接管理，直管模式兼顾了加盟模式利于快速扩张和直营模式可保证优质服务的优点，采用的是"掌柜集团"招募"甩手老板"的形式，本质是保留经营权以保证优质服务，出让所有权以换取快速扩张。在这种模式下，首先要有一个"掌柜集团"，所有加盟店，由这个"掌柜集团"直接管理，加盟商不允许插手。这个"掌柜集团"，严格统一形象，统一管理，统一采购，统一配送，统一装修，统一结算，统一价格，集团军一插到底。至于"甩手老板"，只需要带着门店和资金加盟，坐等投资回报。采用直管模式的品牌有海澜之家、名创优品等。比如海澜之家一般要求甩手老板有200平方米～1000平方米的黄金地段店铺，200万元以上的资金。需要注意的是，能做"掌柜集团"的，都是因为手里有强大的管理能力这个"金刚钻"，不然在"瓷器"店里一阵疯狂扩张，只会放大和加速失败。

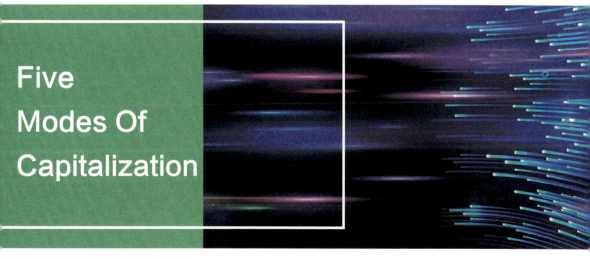

Five
Modes Of
Capitalization

第四是联营模式。联营模式是总公司与合作商共担风险、共享利润的合作模式。总公司以部分资金入股，一定意义上减轻了合作商的资金负担，相比加盟模式下的加盟商来说，降低了运营风险。周大生珠宝在2018年5月至7月曾陆续在北京、上海、成都、厦门、青岛等城市开设了近10家联营店。盒马鲜生2017年9月28日在杭州和贵阳开业的门店即为联营模式，分别与当地零售企业宁波三江和贵州星力联营。

第五是联盟模式。联盟模式也是当前比较常用的商业模式。它通过整合资源建立一套清晰的利益链条，吸引每个参与的伙伴进行优势互补和共赢共生。联盟模式可以分为同业联盟和异业联盟。同业联盟如丰巢快递柜在2015年成立之初，由顺丰联合申通、韵达和中通等多家快递公司成立。异业联盟模式则是不同行业跨界合作，打破彼此的经营壁垒。其优势是打通不同行业局限，集中不同业态商家，共同为用户提供一站式优惠服务。比如淘宝曾经这样设计：VIP的价格和可享特权，如果淘气值低于1 000，需要充值888元购买；如果淘气值高于1 000，可以用88元购买；淘宝VIP不仅可以获得淘宝天猫购物95折，而且可获得价值198元的优酷VIP、价值108元的饿了么超级会员、价值192元的淘票票年度全国卡、价值128元的虾米超级VIP等。

综上所述，五大模式并不孤立存在，部分公司可能采用多种复制模式。比如珠宝巨头周大生采用的模式有加盟、直营及联营。截至2018年7月31日，周大生门店总数为3 014家，其中直营店283家，加盟店2 731家。

华莱士：探索联营模式

华莱士是中国本土平价汉堡品牌，2001年诞生于福建省福州市，创始人为华怀余和华怀庆两兄弟。华莱士2003年开始发展加盟店，目前全国门店已经超过10 000家。近年来华莱士开始探索联营模式。

华莱士鼓励有经验的老员工做公司的合伙人和股东，资深员工可以组建团队到各地开发市场，开设门店。团队自寻店址、自主经营、自负盈亏，公司在统一门店装修、品牌运作、物流配送、员工培训、产品研发等方面给予全套支持。每个员工可凭借对门店的贡献度分享门店不同价值的股份，最大限度调动了员工创业的积极性。

本章图说

成功运营实体店社群的十二大体系

经营方向不对，资源配置被浪费

- 找准战略方向，实现运营"差异化"
- 优化资源配置

达芙妮、京东便利店：无界零售战略

顺应趋势，建立智慧门店
整合资源，高效赋能店主
门槛较低，多项增值服务

三网合一的社交店商，社交商业新

- 搭建流量入口，做大流量池

周导读书——圈商会：社群引流、变现操

打造价值无限的圈子
制定优质的群消息发布策略
群成员反馈高频时段发送群消息
制定清晰的群成员奖励机制
以人为本经营社群

差异化　经营

社群

引流　体系

变现　配置资源

实体店社群十二大体系：帮助企业合理配置资源

- 入门体系——会员制
- 引流体系——爆品制
- 黏性体系——套组制
- 盈利体系——带客制
- 延伸体系——课程制
- 促销体系——年度制
- 推广体系——微商制
- 顾客体系——闭环制
- 服务体系——顾问制
- 产品体系——提成制
- 管理体系——承包制
- 复制体系——连锁制

第六章

升级实体店的"六大"操作模式及实操案例

PHYSICAL STORE UPGRADE

大师说

乔布斯：用正确的标准来判断大众想要得到的东西

苹果创始人乔布斯先生曾说过这样一句话：明白自己想要的是什么，这是我们首先需要清楚的。而用正确的标准来判断大众想得到的东西，这才是我们要努力去做的。

作为商家，除了明确自身优势，更为重要的是真正了解顾客需求，这也正是实体店完成"六大"升级的实际目标，从被动试探、迎合客户需求，转变为主动挖掘探求客户需求，从而实现企业的终极目的：让客户拥有和品牌共同的信念与信仰。

将客户和品牌真正绑在一起！如果能做到这一点，客户将从消费者变成真正意义上的粉丝，会成为企业品牌的宣传者和代言人，这时客户的忠诚只能用一个字来表达——"只"："电脑，我只买×××""球鞋，我只穿×××""背包，我只选×××"。

升级一　店面——经营店面升级为经营社群

（1）围绕"内容"形成某一类的购物社群

围绕"内容"形成某一类的购物社群，用户不用再围绕某一个购物平台形成只有一个中心的购物网络。购物社群通过一个"内容"直接连接用户和工厂，利用发达的网络基础设施完成整套电商服务建设，同时将时间和资源成本都降到最低。

过去的店面形式，就是传统意义上的实体门店，经营模式主要是销售产品。如被大家熟知的奥康品牌专卖店、红蜻蜓品牌专卖店、意尔康品牌专卖店等，都属于传统店面。现在的店面不再仅仅是一个聚集人的场所，而是一个通过经营社群达成产品销售目的的集合。

当店面升级，经营店面升级为经营社群，门店即被经营为人们的"第三空间"。比如被我们熟知的星巴克，虽然是一家咖啡店，但是现在显然已经成为人们的第三空间。同样，以"有限空间 × 无限创意"为特色的猿乐 Sarugaku 购物中心，也致力于为消费者打造第三空间，让消费者不想待在家又不在办公的时候，最想去的地方就是猿乐 Sarugaku 购物中心。

店面升级

STORE
UPGRADE

"有限空间 × 无限创意"的猿乐购物中心

猿乐购物中心位于东京代官山,由一栋栋供出租使用的建筑物组成。像美国的奥特莱斯那样,猿乐购物中心有各式各样的店面分布于建筑物当中。依照日本法律规范,业主只能在窄小的基地上建造许多小型建筑物,建筑师平田晃久便决定将这些小型建筑物设计成山丘一般,而这也让建筑物间产生了如同山谷的空间,人群和店面的展示物就在这个山谷中不断流动,每个店面也借着这种山脉状的建筑设计得到了扩大的视觉效果。

猿乐购物中心的设计师们结合消费者的动线规律,构建更便于消费者选购商品的购物社群。迎合消费者的休闲习惯,整个购物中心从空间的多层次多方面体现商店的多元性和空间感,让消费者从心理上产生好奇感和体验欲。

（2）经营锦囊：精细化管理社群客户

升级推出全方位管理客户的后台，可实现开辟新客源、挖掘潜在意向客户、维护老客户关系等各个客户管理层级的维护，实现了客户询盘日常维护、客户关系维护、商家自营销等多种管理需求。

客户社群的经营

吸引更多客户

搭建新人专场、优惠专场等活动，帮助企业获取更多新客流量；在潜在客户深挖方面，定向运营触达，精准获取意向客户；分人群精准运营，盘活老客户，提高其活跃度并增强其忠诚度。

实操案例：果农利用社群营销3天销售7 000斤苹果

商家困境

山东盛产苹果，种植苹果的果农很多，大部分果农都面临同一个问题——苹果产量高、销售慢。传统的做法一般是拉着小货车到周边地区零售或者拉到批发市场销售，但销量往往达不到预期，滞销成了让果农们最头疼的问题。

困境剖析

果农遇到的问题实际上就是销售路径不够畅通，没有抓住更多的消费者，这种没有现实门店的售卖方式，同样需要"店面升级"，这里说的"店面升级"是指将传统的经营店面改为经营社群。

相较于星巴克这类高端店面升级——为客户打造休闲、办公的第三空间，从而经营属于自己的社群圈子。果农商家也需要经营属于自己的客户社群，从而吸引更多的消费者购买，进一步打开销路。

精准施策：社群营销

"2 000斤苹果免费送，加好友进群，每人送2斤，进群还有不定时发送的现金红包可领取。"

（1）进群就送削皮刀和2斤苹果,享受买苹果每斤便宜0.5元的优惠,加群主为好友领取。

（2）邀请10个当地好友进群再免费送5斤大号苹果。

（3）产品领取地址：1.*** 生活区门口；2.** 副食品店门口。

（4）本群为福利群，禁止发广告。

（5）参与活动的朋友们邀请够人数找群主确认。

（6）如另需购买，商品价格详见群公告，群成员享受内部优惠价。

效果分析

引入社群营销之前。果农的苹果已经出现了严重滞销的情况，本地的客户微信好友也仅有5人，在线下的农贸市场和商超销售，销量都不理想。

引入社群营销之后。第一天微信群就收获了几十个吃过山东苹果的忠实客户，活动开始后，在第一天裂变了100人。派发活动奖品时，果农拍摄了现场的照片发送到群里，引发了越来越多领取到免费苹果的客户在群里晒图。群内开始快速裂变，很快就达到了500人。

加上群内会员优惠价格的吸引，大部分人都选择了继续购买。3天的时间，仅通过线上微信群销售的苹果就达到了7 000斤。只要后期持续对社群进行良好的运营，还将保持更加长久的客户消费潜力。

周导如是说

　　理论再高大上,最终也要接地气。通过果农商家的这个社群裂变的简单案例,大家可以看出,将经营店面升级为经营社群,裂变的速度和变现的威力是多么强大!

　　其实,无论是有高端店面的企业还是像果农这种可能并不存在特别体面的店铺的小本经营,都可以将社群营销引入到自己企业的发展壮大中来,吸引流量、裂变客户、实现变现,一步步接近企业经营的终极目标——赚钱。

升级二 货品——单一货品升级为集成货品

（1）集成货品，打造爆品

过去门店的货品，一般以某一个品类或某一种风格为主，并不是根据人们的具体需求集成产品品类，比如路易威登门店就只有路易威登一种品牌。货品升级后的门店，从单一货品升级为集成货品，客户进店购物，门店会根据客户需求，为其量身打造需要的产品，这个过程就是货品集成的过程。

如果说过去的门店销售的是一个品牌的产品，那么货品升级后的门店销售的就是集成后的一个品类。店面的货品升级以人为中心，店内的产品不在于多而在于精，而且这个集成的品类中一定要有一个流量型的爆款产品，以吸引更多的消费者。

（2）经营锦囊：借助爆品扩展流量

打造爆款产品——流量"吸收器"，在门店做活动期间，将其作为主推产品强力推出，可有效增加客户流量。爆款产品可一键触达盘活老客户，让单品运营轻松提效，在提升老客户复购率的同时实现老客户引流新客户的作用。

爆款产品是店铺内客户转化能力最强的商品，是平台在搜索、活动、旺铺推荐首位、商品关联推荐等场景下用于承接和转化客户流量的主力商品集。店铺可根据自身需求选择适当的场景应用，借助爆品拓展店铺流量。

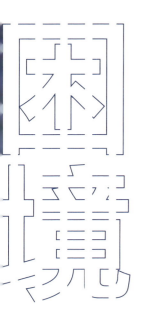

实操案例:"车位免费"打造巅峰销售最新模式

商家困境

在房地产企业开发一个住房项目时,配套设施是许多购房者的重点考察指标。以停车位为例,配套的停车位对于一个完备的小区来讲必不可少。然而目前很多房企和物业经营单位都面临着停车位不好卖也不好出租的困境。

困境剖析

对于住房的刚需来说,由于房价已经很高了,再购买一个价值几万元甚至几十万元的停车位显然比较吃力,此时租停车位也成了业主的一种选择,按照一般的小区车位运作模式,基本上是物业来收这个租金,但有些业主既不租车位也不买车位,让物业十分头疼。

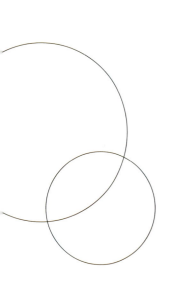

精准施策:跨界集成,车位免费

第一招:跨界合作,车位变"聚宝盆"

物业公司跨界和金融公司合作,把车位变成一个"聚宝盆"。具体来说,金融公司设计了一个与车位相关的理财产品,只要消费者购买这个理财产品,便可享有免费使用车位的权利。与此同时,还可以获得金融收益。

比如原价 10 万元买一个车位,现在你只要交 10 万

元给金融公司，比如说3年或者5年，然后这段时间车位免费用，而且还会有5%～7%的预期年化收益。对于客户来说，这个收益相当于把钱存在了银行，但是获得了免费车位的使用权。按年化5%来算，1年5 000元，3年就是15 000元，3年以后10万元本金返还，还获得了3年的车位免费使用权。

第二招："增值加租金"，让车位吸引力翻倍

跨界合作集成"车位+金融理财"产品，让停车位瞬间变成了"聚宝盆"。这时房地产企业和物业公司又推出了"增值加租金"的"诱惑"，比如某个车位当时10万元，3年以后涨到了15万元，3年的时间即可获取理财产品车位增值的收益5万元。这3年里如果没有车位的需要，还可以将车位租出去，这样又可以得到一笔租金收益。所以，这个商业模式对消费者来说，是稳定的收益、免费的车位再加上未来的增值，消费者将无法抗拒。

「效果分析」

集成货品之前。 消费者普遍认为车位的价格偏高，卖出的车位数量占小区车位的比例较低。与此同时，物业出租车位的数量也很有限。这使得小区出现了很多空车位，车位的建设资金和管理资金没有办法回流变现。

集成货品之后。物业公司和金融公司各取所需，虽然消费者没有向物业公司支付车位费，但实际上这个车位费金融公司已支付。通过这种经营模式，物业公司将大量的车位租给金融公司，从而解决了车位难售难租的困境。

金融公司从物业公司租一个车位的月租金是 500 元，给客户的收益是每月 500 元左右，两者相加，一年的支出就是 1 万元左右。只要金融公司在一年之内让 10 万元有 1 万元的收益，就不会亏本，这对于金融公司来说并不是难事，所以金融公司的收益也非常可观。

周导如是说

传统的店商一般都是销售单品，不存在集成货品的销售模式，而随着市场竞争的日渐激烈，单一货品往往由于无法满足客户的更多需求而逐渐失去了竞争力。

集成货品甚至可以跨界集成，即将不同的商品集合捆绑销售，以此来满足客户的更多需求，同时也可以获得不同商家的支持，以达到快速吸引客流、盘活老客户的目的，借此可让商品运营轻松提效，并通过老客户引流新客户。

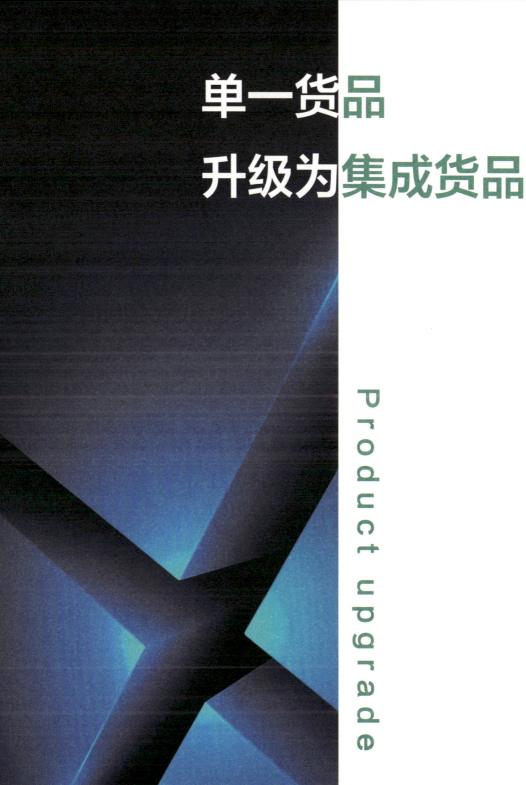

单一货品升级为集成货品

Product upgrade

第六章

升级三 人员

——店员升级为股东

（1）让店员成为老板的最佳合作伙伴

实现货品升级后，拥有了自己的爆款产品，紧接着需要做的就是将店员升级，即将店员升级为企业的股东。过去，员工受雇于老板，现在，员工属于店长的合伙人，而老板只是门店的投资人，门店的日常运营委托给店长，店长替老板经营管理。

过去的店面靠店员引流顾客，如今主要通过联盟结合体的方式引流顾客，让顾客和店员、店长、老板结合成联盟，共同为店面引流，即让顾客主动推销店内产品，将顾客变为销售的节点而不是终点。

(2) 经营锦囊：客户关系升级 + 店员成为最佳合作伙伴

对于企业来说，不断升级客户关系，发展稳定忠诚的客户，是非常重要的问题。比如，起初是松散型的买卖（合作）关系，只有需要的时候才联系；后来升级为紧密型关系，定期购买或合作；再向上升级到哪怕竞争对手有更加优惠的价格，客户也不为所动；最后就可能升级为战略合作伙伴，直至成为股东。

客户关系不断升级

店员成为最佳合作伙伴

企业想要做大，除了要经营好与客户的关系外，还有一个重要环节就是要经营好员工和企业的关系。员工是企业业绩提升的强劲推动力，企业要将员工的利益与企业的利益进行捆绑，充分调动员工的积极性，从而让企业在员工和老板的共同努力下，快速实现盈利。

实操案例：母婴店突围术，送员工汽车还能利润暴增

商家困境

作为代理商的母婴店，面临着上游厂家压货下、游终端压货款的困境，再加上 2020 年的疫情影响，门店客流很少。同时还要面对房租、水电、人工成本增加等问题，资金回流慢、利润降低等问题明显。

困境剖析

对于母婴店这类传统的实体店来说，顾客基本属于它们的销售终点，这让在夹缝中生存的它们在内忧外患的形势下，无法快速获取顾客流量，销售业绩下滑，商品积压，导致资金回流速度过慢。

获取更多的顾客流量是核心目标，那么"撒手锏"就是调动店内员工的积极性，实现企业利益和个人利益的捆绑，让员工和企业老板一起实现销售对象的快速裂变，解决经营困难和变现速度慢的问题。

精准施策：让员工成为老板的合伙人

母婴店的业绩主要依靠导购销售，导购是门店销售的核心，因此导购的积极性直接影响着门店的业绩。曾有一家母婴店，选择用汽车牢牢锁定员工，员工交 19 000 元，就送一辆价值 6 万多元的雪佛兰赛欧。车主登记用的是员工的名字，老板来还月供，三年月供还完。送车的目的就是锁定员工，极大地调动员工的积极性。送汽车的具体机制如下。

老板就承担所送车辆的月供。

机制二，导购每月开发超出 10 个合伙人，超出部分从每个合伙人利润中提成 10%。

机制三，如果导购当月开发完成 20 个合伙人，超出部分提成按 20% 计算。

机制四，如果导购当月完不成 10 个合伙人的任务，则导购本人当月需承担 1 300 元的汽车分期贷款。

整套机制的设定前提是充分考虑到了员工的销售能力，员工大多可以 100% 完成目标，所以不必担心自己还车贷。员工的积极性大大提高了，母婴店的业绩也有了显著提升。与此同时，母婴店每月的利润增加后，并不会因为替员工还车贷而增加成本。

「效果分析」

措施执行前。母婴店面临员工、客户、品牌的三流失，门店运营成本不断增加，货品积压导致资金短缺，销售业绩也在不断下滑。

措施执行后。员工开上了好汽车，老板帮员工实现了梦想，大大提高了员工的积极性，此举巧妙地将员工的利益和企业的利益捆绑在一起，让员工更有动力完成销售目标，并实现了最后一公里门店盈利。借助员工锁住客流量，业绩自然不断提升。

周导如是说

过去的门店，老板、员工、顾客是完全分开的三个群体，彼此之间的关系也是单一的雇佣关系或买卖关系。而现在的企业经营，不仅要求将店员升级为合作伙伴，形成利益统一的命运共同体，也要将顾客升级为企业的合伙人。

实操案例中介绍了将店员升级为企业合伙人的一种方法，也提示企业的经营者，需要将目光放得更远。顾客同样需要升级，将老板、员工、顾客三者划到同一个圈中进行统一的经营管理，形成利益闭环，才可以创造最大化利益。

升级四 顾客——搞促销升级为会员制

（1）发展会员，精准营销

过去是针对顾客卖产品，如今要针对顾客卖会员。过去天天针对顾客搞促销，现在要想着如何用会员制，让顾客帮企业分享、传播、介绍。

企业实行会员制营销策略，通过发展会员，并提供差别化的服务和精准的营销，提高顾客忠诚度，确保企业长期增加企业利润。其中，会员卡是会员进行消费时享受优惠政策或特殊待遇的"身份证"。

那么到底该如何发展会员，才能做到精准营销呢？

新零售时代，得"铁粉"者得天下。线上引流的方式很多，如美团、抖音、公众号、小程序、朋友圈等；线下引流的方式也很多，如社区推广、社群营销、沙龙活动等。但不管是应用哪种方式，如果只是"东一枪西一炮"，都会收效甚微，甚至可能适得其反。

唯有懂得搭建会员管理体系，分类服务会员顾客，从卖产品升级进化到卖服务，做好会员的客情维护，有计划、有策略地与顾客进行持续的情感沟通，才能保证顾客的持续回头消费，同时帮助企业传播和分享，让顾客产生记忆点，做到精准营销，锁住消费。

(2) 经营锦囊：拓展商家的分销渠道

会员制营销的基本原理。如果说互联网是通过电缆或电话线将所有的电脑连接起来，因而实现了资源共享和物理距离的缩短，那么，会员制营销则是通过利益关系和电脑程序将无数个网站连接起来，将商家的分销渠道扩展到地球的各个角落，同时为会员网站提供了一个简易的赚钱途径。

会员制营销的一般步骤：设计会员体系，选择最好的会员营销软件；发卡，记消费记录；分析数据，会员分类，开展有针对性的营销活动；分析活动投入产出比，提出改进意见。

目前国内做会员制营销比较好的企业，零售行业有苏宁电器、大润发等，金融业有招商银行，服务行业有西贝莜面村、比格披萨等。

实操案例：一招"会员制充值返现"，超市起死回生

商家困境

随着零售业数量的日益增长，7-ELEVEn、全时、物美等众多连锁超市遍地开花，市场的饱和度已经很高，这给一些小众商超带来了巨大冲击：客流量流失、业绩不断下滑、利润不断被压缩。

困境剖析

现在商超门店面临的竞争不仅来自基数暴增的线下实体连锁超市，还来自线上商超的截流。这对于一些还仅停留在传统线下销售阶段的实体店来说，

无疑是一场"大考"。

客流量的获取成本和获取难度都明显提高了,再加上逐年上涨的人工成本、房租等,商超的营业利润也在被不断压缩,夹缝中求生存的实体商超需要尝试一些新的经营模式。

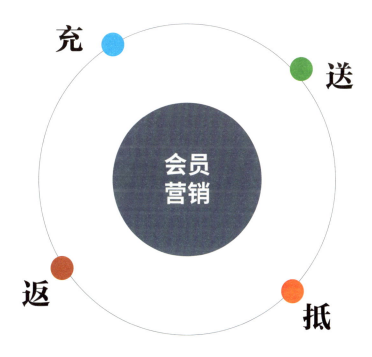

精准施策:会员营销"充、送、抵、返"

某小型超市采用"充值500元,得500元,送500元,抵500元,返还500元"的会员机制,即充值500元成为超市会员,就可以享受以下权益。

1. 得到一张内含500元现金的储值卡。储值卡全额可以在超市内抵现金使用，没有任何消费门槛。

2. 对于首次办理会员的顾客，赠送与所充现金同等金额的充值礼品。比如，充500元送价值500元的王老吉，充698元送价值698元的五粮液，充2 000元送价值2 000元的啤酒，以此类推。

3. 送500元抵扣券。在超市内消费满一定金额后，抵扣券可以抵扣现金使用，或者送周围其他商家的抵扣券等。

4. 返500元现金。所有参与充卡活动的会员客户，充值月后的下一个月开始，每月固定某天，本人带着上月消费小票，凭有效证件到店领取相对应的现金。

解释一下最后一条"返500元现金"。假设次月起，每月19号为超市的会员返现日。所有充卡会员当天带着会员卡、上月消费小票及本人有效证件，根据上月消费情况，可以领取一部分现金。以后每月的会员日都是如此，现金返够500元为止，让消费者实实在在地感受到成为超市会员带来的优惠。

关于最后一条，很多人不能一下子理解：把现金返回去，超市还如何盈利？其实，作为新引入超市营销的一种商业模式来说，让顾客每月进店领取现金，就是利用会员制锁定目标客户群体，让他们慢慢养成进店消费的习惯，实现长久的客户回流。

「效果分析」

措施执行前。超市虽然所处地段不错，但由于周围有众多商超的竞争，并没有太多的客流量，常来的顾客可能只是距离超市非常近的一些住户，这只是周围社区内很小的一部分人员。超市经营业绩不断下滑。

措施执行后。很多熟客最先选择成为超市会员，作为第一批会员，他们的消费次数明显增多了。同时因为会员们的宣传，来超市办充值会员的人也逐渐增多，到后期客流量有了很大的提升，并且由于会员日的定期返现机制，这些会员也逐渐养成了到超市消费的习惯，超市的销售业绩大幅度提高。

周导如是说

会员制并不是玩套路，而是用一种新颖的经营模式，让客户感受到实惠，给他们一个非常合理的理由高频进店消费，增加客流量和回流量。

从搞促销升级为会员制，让实体门店也拥有自己的"忠实粉丝"，进而再做裂变，让会员成为企业宣传的一个节点，广泛地拓展商家的分销渠道。

升级五 策略——单一营销办法升级为完整解决方案

（1）为品牌提供品效联动的完整解决方案

如果说以前企业的成功靠的是机会和单一的营销办法，那么现在企业要想成功，靠这些则远远不够。今天企业要成功需要的是一个整体的解决方案，即一套完整的经营方案。

过去许多品牌的传播策略着重在媒体曝光层面。随着营销越来越重视"品与效""营与销"的结合，如何改变消费者、零售商、品牌之间的沟通方式，让品牌真正触达消费者，并为其创造即刻转化的消费场景，就成为企业迫切需要的品效联动的营销解决方案。

（2）经营锦囊：广告营销+线下零售

线上电商和线下门店合作，集合零售商的数据能力，通过大数据挖掘用户需求，帮助企业更了解客户；集合朋友圈广告、公众号广告等商业流量，以及各种公众号、小程序等获取更多用户浏览量，集中线上、线下营销资源联合曝光，完整实现消费者的多场景触达；消费者通过接收到的媒体广告渠道，了解更多的产品信息，为线下门店和线上电商引流。

→ 多渠道营销　一整套解决方案

广告营销 ＋ 线下零售

精准洞察 — 数据能力合作
- 零售商 CRM 数据
- 媒体广告标签数据
- 数字营销平台

联合曝光 — 营销资源
- 零售商公众号
- 零售商小程序
- 微信公众号等

渠道转化 — 渠道资源
- 线下门店
- 小程序电商
- App/O2O

数据沉淀

第六章 | 225

实操案例："整屋解决方案"让家具店一年业绩从500万元跃升到2 000万元

商家困境

众所周知，家具产品与众不同，由于本身是耐消品，所以销售的速度比较慢。一些走高端产品路线的商家，所采用的材料大多属于珍贵木材，随着原材料的逐年减少，产品的价格也是水涨船高，超出了一些顾客的承受范围后，高端家具店的生意日渐冷清。

困境剖析

高端家具所用的材料，大多是黄花梨木、小叶紫檀、大叶紫檀等珍贵木材，原产地为越南、老挝、泰国等东南亚国家。原材料的日渐稀少，导致高端家具的价格逐年上涨。

然而，并不是所有的顾客都愿意为这不断上涨的价格买单，很多顾客认为这可能是家具店单方面在获取暴利，所以往往希望通过其他途径购买。这就导致一些高端家具店的客户流量稀少、顾客购买力下降，即使压缩利润也很难获取更多的客流量。

精准施策：营销对象准备——唤醒老客户

老客户是企业利润的源泉，盘活企业的购买力，第一件事就是要挖掘老客户的价值，具体做法如下。

第一步，把3～5年之内的客户数据都调出来，然后从以下方面对客户进行分类：哪些客户是经常性购买的，哪些客户是间歇性购买的；哪些客户是喜欢明朝风格的，哪些客户是喜欢清朝风格的；哪些是大客户，哪些是普通客户等。

第二步，对客户数据进行二次加工。在老客户需求的基础之上，引入更新、更多的产品选择，增加对他们的影响，促进他们购买。

第三步，根据客户以往购买记录，设计不同的"追售"诉求点。比如，针对喜欢明代风格家具的客户，重点介绍新出的明代风格产品；对于那些喜欢黄花梨木的客户，重点介绍黄花梨木的其他产品。

第四步，开展线下订货会活动，推出"累积附赠"的优惠政策。只要客户在订货会上及其后一年之内，购买额达到一定数额，即赠送一套比其已购买产品价值更高的产品。

由于高档家具的利润空间都是比较可观的，所以，这种"累积附赠"政策并不会对公司的利润造成太大影响，却会对顾客形成极有吸引力的"成交诱因"。

"鱼塘矩阵"——联合曝光

企业可以从老客户身上获得一定的业绩提升,但不能永远"坐吃老本",否则就是"坐吃山空"。所以,企业需要快速、低成本地开发新客户,并与相关商家联合销售,增加曝光力度,实现联合销售。具体做法如下。

第一步,锁定联合式促销的合作商家。调查研究购买高端家具消费者的消费习惯,确定联合式促销的合作商家为古董商、陶瓷店、书画商等。

第二步,发动一系列联盟式订货会,实现大范围的"鱼塘矩阵"合作。联盟订货会分多期举办,每期主推一类产品。比如第一期主推陶瓷,第二期是奇石,第三期是书画……以此类推,其中一期自然是家具。

第三步,订货会采用形式多样的销售模式。除传统的"现款现货"的购销方式以外,

还引入"寄售""租赁"等销售模式,从而增加销售量。

"鱼塘渗透"——渠道转化

联盟订货会上,当客户购买了会上的一款产品时,附赠价值2 800元的托架家具,增加所购产品的价值,同时产生"鱼塘渗透"效应,将渠道转化为可被家具店利用的销售路径。

附赠的托架作为一个"广告产品",材质为黄花梨木,外观精美,雕工细致,能体现家具店高端的产品定位。

凭借这项赠品,可以立即让联盟商家的新、老客户接触到家具店的产品,进入家具店的促销体系。

这里要强调一点:这些赠品都不是现货,没有寄存在联盟商家处,而是需要联盟商家的客户直接跟家具店联系,以便为其提供"度身定制、尊贵服务",后期可到家具店的展厅领取。

推广发力——打造自己的推广体系

除借力联盟商家之外，家具店还要打造属于自己的推广体系，比如可以发展渠道加盟商，激励客户转介绍。这些方式不仅不消耗自身资源，反而还可以构建起强大的推广力量。下面详细介绍家具店如何打造"转介绍"机制。

精心定制能体现家具店格调的画册。画册赠予新老客户，如这些客户想要转送画册，还可以领取多本。客户转赠画册既提升面子，又帮助家具店做了宣传。

这样的转介绍设计，改变了以往给回扣、给优惠的模式，契合了高端客户的需求，因而转介绍的成功率大大提升。

小小的画册，就把产品信息嵌入人际交往的活动当中，随着人际互动，自然而然地散播，这种转介绍技巧被称为人际嵌入。

「效果分析」

措施执行前。采用传统的经营模式，客户流量基本没有大的提升，老客户复购率较低，新客户增加也并不明显，因此一年的业绩基本保持在400万～500万元，还会略微有所下降。

措施执行后。盘活了老客户，一些老客户购买了新出的产品，为家具店再次带来了收益。假设过去3～5年的客户中有300人进行了再次消费，每人一年再次消费的金额平均达到5000元，盘活的老客户就可以为企业带来150万元的收益。新开发客户及客户转化裂变后，为企业带来的新的购买者达到1000人，平均每人的消费金额按15000元计算，那么家具店的营业额一年又增加了1500万元。再加上家具店原有的营业金额，基本可以实现年收入2000多万元。

周导如是说

以前企业成功靠机会，有了机会即使只采用单一营销办法也有利润可赚。现在的企业想要成功，必须拥有一套完整的营销解决方案。不仅要有多样化的引流方式，还要做到流量的裂变，最后实现变现。

采用多种方法打通渠道，无论是对线上的电商还是线下的门店而言都十分必要。唯有增加产品在客户面前的曝光率，做到多场景可触达，才能实现引流。比如实操案例中利用联盟订货会，让家具产品在多个场景可被触达。

升级六 圈子——精准识别，客户圈子管理升级

（1）升级圈子，精准识别潜在客户

圈子升级，包括圈子范围升级、客户服务方式升级和产品买卖形式升级等，可以帮助企业精准识别潜在客户，提升客户圈子的管理效率。

圈子范围升级。过去店商经营的圈子是指实体店；店商圈子升级后，是将实体店交给店长，而老板则要腾出时间和精力去经营虚拟的圈子。

客户服务方式升级。过去的客户服务是给客户发信息、打电话；升级后的客户服务是交流、互动，不仅要通过圈子进行交流、互动，还要让圈子成员帮助企业分享、传播、推广、转介绍。

产品买卖形式升级。过去的产品买卖就是指客户购买行为结束；升级后的买卖行为只代表客户和企业建立了联系，客户还要成为销售的节点，为后续产品销售实现引流，这是今天各行各业实体店的商业逻辑。

(2) 经营锦囊：经营范围更大、更高端的圈子

店商圈子升级，从原来的单纯依靠实体店或线上电商实现客户引流，到线上、线下结合，将圈子范围扩大，实体店的圈子经营交给店长和店员，线上圈子的经营交给电商运营或者散客。而最重要的还是需要企业的管理者们去经营范围更大的圈子，比如高端客户的定位和管理，利用 8020 法则，实现最大程度的引流和效益获取。

经营范围更大 更高端的圈子

【知识点回顾】

8020 法则，就是把 80% 的时间精力聚焦在 20% 的客户身上，20% 的客户能为我们创造 80% 的收入。

实操案例：洗车行经营高端客户圈，轻松实现年盈利增收

商家困境

房价高，租金昂贵；招工难，人力成本增加；市场店铺过多，抢占客户资源；服务等待时间久，流失客户；洗车价格上调困难，利润被压缩。

困境剖析

① 房价高，租金昂贵

房租是洗车行费用支出的重要一项，占据成本大头。现在由于房价仍然相对较高，所以房租在各大城市来说都不算一笔小的费用，再加上租金逐年上涨，这也成了洗车行成本增加的主要原因。

② 招工难，人力成本增加

随着经济的发展、教育程度的提高，廉价的劳动力已不复存在。再加上洗车行业劳动强度大、工作环境恶劣等因素，更加剧了招工的难度。招工难直接导致工资上涨，增

③ 店铺过多，抢占客户资源

由于市场前景巨大，洗车行如雨后春笋快速发展。我们经常能看到一条街上有好几家洗车店，导致客户资源被同行业抢占。

④ 服务等待时间较久，流失客户

如今的社会，生活节奏越来越快，大家最宝贵的就是时间。但是传统人工洗车，每辆车的洗车时间平均在半小时以上，长时间的等待，导致客户流失。

⑤ 洗车价格上调困难

虽然物价上涨，但是随着科技的发展，全自动洗车机变得越来越普及，加上洗车店多如牛毛，洗车价格又难以上涨，极大地压缩了洗车行的利润空间。

店铺过多，抢占客户资源

服务等待时间较久，流失客户

洗车价格上调困难

实操案例：洗车行经营高端客户圈，轻松实现年盈利增收

建立高端圈，引入按摩椅项目

第一步，进行客户定位。只服务车价在 30 万元以上的豪车，与奔驰、宝马、路虎等 4S 店合作。对于合作的 4S 店的客户，洗车行赞助价值 1 800 元 3 个月的免费洗车券，并送免费打蜡一次和免费车内杀菌消毒一次。

第二步，广告宣传。宣传主题为"世界名车免费维护保养中心，高端定制服务"，注明只为 30 万元以上的豪车提供服务。

第三步，经营高端圈子。由于只服务豪车车主，店里聚集的都是比较高端的客户，这些客户就会比较喜欢这种圈子营造出的氛围，也会把自己圈子内的一些朋友介绍过来，使高端客户圈子逐渐扩大。

第四步，引入同格调产品。结合高端客户圈子的需求，与按摩椅厂商合作，将洗车行二楼租给按摩椅厂商，并约定每卖掉一套按摩椅给予洗车行一定提成。

深挖客户需求，引导高端消费

深度挖掘客户的需求，引导客户进行全车镀金、打蜡、汽车装饰、防爆贴膜、车内杀菌消毒、音响改装等。假如一年服务 5 000 台豪车，平均每辆车消费 5 000 元，一年就是 2 500 万元的营业额，按最低 30% 的利润，一年也能净赚 750 万元，何况有的项目利润远超 30%。

引入茶文化，体验中促进消费

设置舒适的洗车休息等待区，并有专业人员提供服务，在此区域摆设高端的茶具和茶叶，供客户品尝并体验茶文化。客户在品茶的过程中很容易产生购买茶叶和茶具的冲动，从而刺激他们再次消费。

> 「效果分析」
>
> **措施执行前**。和市场上的大部分洗车行一样，依靠传统洗车业务支撑着车行的经营。激烈的市场竞争中，客流量日渐减少，很多客户都是一次性消费，回头率低，销售业绩日渐下滑。
>
> **措施执行后**。除高端车辆的洗车、汽车装饰等收入外，还额外增加了三项收入，主要包括房子租金、按摩椅提成和茶文化消费品收益。这里以茶文化消费品为例，卖茶叶、茶具，一年每个客户赚 2 000 元，5 000 个客户就能赚 1 000 万元，就算只有 30% 的客户购买，每年也能多赚 300 万元。

周导如是说

实体店的圈子升级，就是更精准地锁定客户群体，应用 8020 法则，把 80% 的时间精力聚焦在 20% 的客户身上，20% 的客户能创造 80% 的收入。

高端圈子建成后，还要懂得持续经营圈子，经营好圈内客户关系，并持续挖掘圈内高端客户的需求，为他们提供定制化的高端服务，以获取持续的收益。

本章图说

升级实体店的"六大"操作模式及实操案例

店面——经营店面升级为经营社群	货品——单一货品升级为集成货品	人员——店员升级为股东
围绕"内容"形成某一类的购物社群	集成货品,打造爆品	让店员成为老板的最佳合作伙伴
经营锦囊:精细化管理社群客户	经营锦囊:借助爆品扩展流量	经营锦囊:客户关系升级 + 店员成为最佳合作伙伴
客户社群的经营 + 吸引更多客户	实操案例:"车位免费"打造巅峰销售最新模式	实操案例:母婴店突围术送员工汽车还能利润暴增
实操案例:果农利用社群营销 3 天销售 7 000 斤苹果		

顾客——搞促销升级为会员制	策略——单一营销办法升级为完整解决方案	圈子——精准识别，客户圈子管理升级
发展会员，精准营销	为品牌提供品效联动的完整解决方案	升级圈子，精准识别潜在客户
经营锦囊：拓展商家的分销渠道	经营锦囊：广告营销+线下零售	经营锦囊：经营范围更大、更高端的圈子
实操案例：一招"会员制充值返现"，超市起死回生	实操案例："整屋解决方案"让家具店一年业绩从500万元跃升到2000万元	实操案例：洗车行经营高端客户圈，轻松实现年盈利增收

参考文献

[1] 刘润. 新零售：低价高效的数据赋能之路 [M]. 北京：中信出版集团，2018.

[2] 崔恒华. 淘宝、京东、苏宁易购、微店全平台开店创业全攻略 [M]. 北京：电子工业出版社，2015.

[3] 阿里巴巴集团. 马云：未来已来 [M]. 杭州：红旗出版社，2017.

[4] 天下网商. 新零售全解读 [M]. 北京：电子工业出版社，2017.

[5] 马汀内斯. ZARA 的创新革命 [M]. 苏蓝琪，译. 广州：广东经济出版社，2016.

[6] 卢醒醒. 奢侈品品牌路易威登故事营销策略研究 [D]. 武汉：华中师范大学，2016.

[7] 马化腾，孟昭莉，闫德利，等. 数字经济 [M]. 北京：中信出版集团，2017.

[8] 周导. 重构：新商业模式 [M]. 哈尔滨：哈尔滨工业大学出版社，2019.

[9] 周导. 逆向盈利 3.0：新商业时代的八大硬核模式 [M]. 北京：中国人民大学出版社，2020.

[10] 周导. 商业之巅：新商业时代的 12 个锦囊妙计 [M]. 北京：机械工业出版社，2019.

[11] 周导. 周导说盈利新三十六计 [M]. 哈尔滨：哈尔滨工业大学出版社，2020.

[12] 王鸥飏. 社交新零售：5G 时代的零售变革 [M]. 北京：中国原子能出版社，2020.

[13] 腾讯智慧零售. 超级连接：用户驱动的零售新增长 [M]. 北京：

中信出版集团，2020.

[14] 刘东明. 抖音电商运营：广告 + 引流 + 卖货 +IP 变现 [M]. 北京：中国铁道出版社，2019.

[15] 苗李宁. 新零售：实体店 O2O 营销与运营实战 [M]. 北京：化学工业出版社，2018.

[16] 金错刀. 爆品战略：39 个超级爆品案例的故事、逻辑与方法 [M]. 北京：北京联合出版公司，2016.

[17] 李东临. 新媒体运营 [M]. 天津：天津科学技术出版社，2018.

[18] 奇普蔡斯，斯坦哈特. 大卖点：如何创造颠覆未来的非凡产品和商业模式？[M]. 苏西，冯明珠，译. 成都：四川人民出版社，2015.

[19] 王吉坤. 门店销售冠军复制系统：打造人人高业绩门店 [M]. 北京：中华工商联合出版社，2020.

[20] 邹云锋. 实体店这样运营能爆卖 [M]. 北京：中华工商联合出版社，2018.

[21] 天下网商. 新零售全解读 [M]. 北京：电子工业出版社，2018.

[22] 周佳. 门店运营与管理 [M]. 北京：中国经济出版社，2013.

[23] 李锋，葛静. 炒店 :7 步实现门店网点人流量激增、销量翻番 [M]. 北京：中国财富出版社，2014.

[24] 江欣. 新零售背景下实体零售与传统电商的转型升级 [J]. 现代营销（下旬刊），2018(09)：93-94.

[25] 邵帅. 我国实体零售业发展面临的问题及对策 [J]. 中外企业家，2017(03)：25.

[26] 于璇.《实体店的逆袭》(节选) 翻译实践报告 [D]. 杭州：浙江工商大学，2020.

[27] 李欣荣."新零售"背景下快时尚服装企业在华商业模式研究 [D]. 武汉：中南财经政法大学，2019.

内容简介

本书上篇通过实体店发展历程、五新趋势对实体店的冲击,剖析了传统实体店当前的优、劣势,阐述三种未来实体店的生存方式。本书下篇着重介绍实体店社群变现路径,主要包括实体店在互联网冲击下突围的五大出口、提升实体店用户流量的三大维度、店商社群如何支撑实体店流量增长,以及成功运营实体店社群的十二大体系,升级实体的六大操作模式及实操案例。让实体店主重构思维和盈利模式,抢占线下终端流量,实现利润增长。

图书在版编目(CIP)数据

重构2:周导聊实体店与社群变现/周导著.— 哈尔滨:哈尔滨工业大学出版社,2021.7
ISBN 978-7-5603-9353-7

Ⅰ.①重… Ⅱ.①周… Ⅲ.①零售商店-商业经营 Ⅳ.①F71

中国版本图书馆CIP数据核字(2021)第014411号

CHONGGOU2:ZHOUDAO LIAO SHITIDIAN YU SHEQUN BIANXIAN

图书策划	沃米工坊
策划编辑	李艳文 范业婷
责任编辑	孙 迪 徐 昕
出版发行	哈尔滨工业大学出版社
社 址	哈尔滨市南岗区复华四道街10号 邮编 150006
传 真	0451-86414749
网 址	http://hitpress.hit.edu.cn
印 刷	鑫艺佳利(天津)印刷有限公司
开 本	710mm×1000mm 1/16 印张 16 字数 258千字
版 次	2021年7月第1版 2021年7月第1次印刷
书 号	ISBN 978-7-5603-9353-7
定 价	99.00元

(如因印装质量问题影响阅读,我社负责调换)

构思维　重构战略　重构模式　重构产品　重构渠道　重构服务

从

重构

REFACTORING

构₂

源点

开始

没有战略，不谈战术

没有系统，不谈操作

没有模式，不谈产品

三种未来实体店的生存方式

 高性价比店商，获取更多用户
以量取胜的核心是获取更多的客户

 品牌店、个性化店商
更关注客户／用户的需求

 互联网打造新零售业态

"五新"趋势

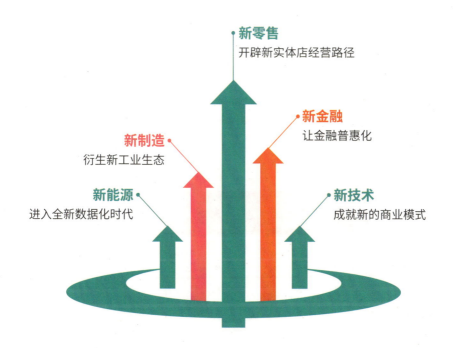

GROWING TRENDS

升级实体店的"六大"操作模式

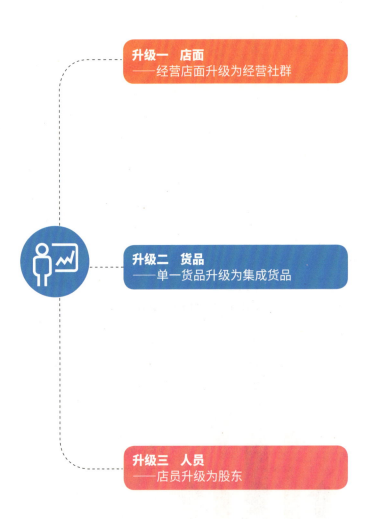

升级一 店面
——经营店面升级为经营社群

升级二 货品
——单一货品升级为集成货品

升级三 人员
——店员升级为股东

UPGRADE MODE

升级实体店的"六大"操作模式

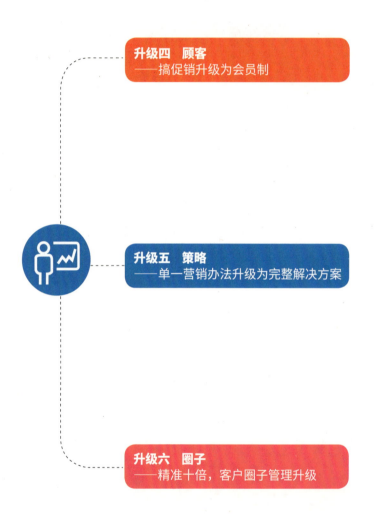

UPGRADE MODE

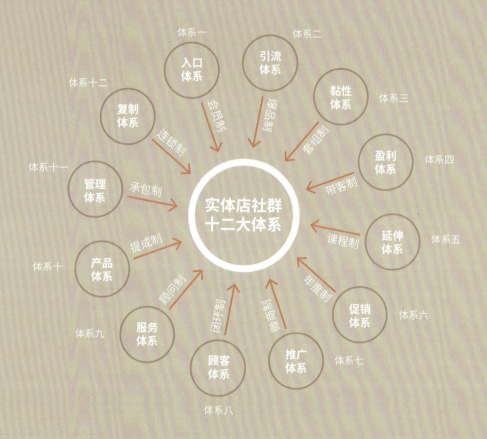

体系一
入口体系——会员制 ①

体系二
引流体系——爆品制 ②

体系三
黏性体系——套组制 ③

体系四

04 盈利体系——带客制

体系五

 延伸体系——课程制

体系六

06 促销体系——年度制

体系七 07
推广体系——微商制

体系八 08
顾客体系——闭环制

体系九 09
服务体系——顾问制

体系十
产品体系——提成制

体系十一
管理体系——承包制

体系十二
复制体系——连锁制

实体店与社群变现 | 13

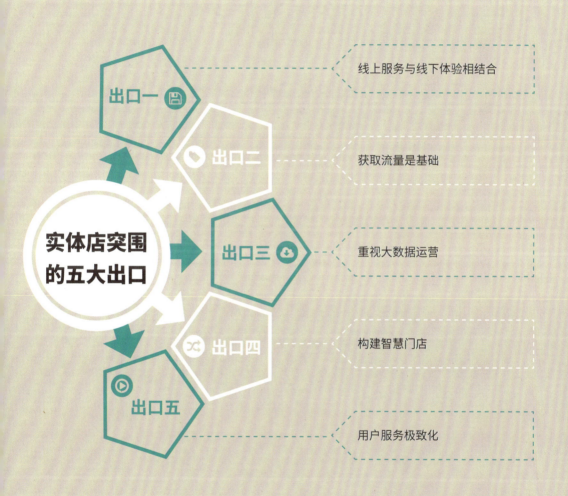

01 把握三大维度，实现用户为王

维度一
多元营销，实现流量快增

维度二
品类重构的关键：做好引流、增加黏性、盈利变现和延伸渠道

维度三
圈子店商＋社群＝打通全息渠道

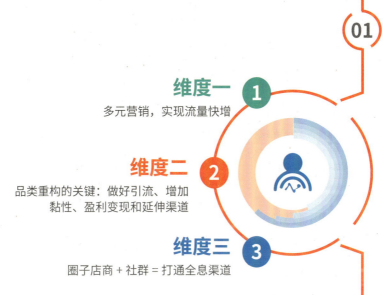

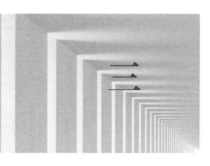

第一计 赚钱计
利润不再是企业的核心，现金流才是企业的命根子

第十计 借道计
帮助拥有用户的人价值最大化，才是获得用户的超级入口的命根子

第二计 资源计
赚钱＝资源＋经营

第十一计 平台计
把公司改成员工的创业平台、行业的销售平台

第三计 服务计
一切以成就别人、服务别人为目标

第十二计 扣点计
把自己的营收建立在别人的成本之上而不是自己的收入之上

第四计 渠道计
离钱最近的不是产品，而是渠道

第十三计 跨行计
以用户为中心，各行各业都能盈利

第五计 逆向计
昨天是核心竞争力，今天就是核心阻力

第十四计 组合计
产品组合要学会混合化

第六计 会跟计
不仅自己会赚钱，还能教会别人赚钱

第十五计 专业计
老板在某一领域拥有专业性，是企业核心竞争力的原点

第七计 干股计
巧妙利用干股，构建利益共同体

第十六计 生态计
从赚钱一生一次到赚钱一生一世

第八计 定位计
赚董事长的职责就是持续不断地为企业找到更多盈利点

第十七计 分享计
让顾客分享传播转介绍

第九计 赚钱计
入口大战、获取流量比赛是时代的主旋律

第十八计 用户计
把会员升级为用户

实体店与社群变现

十六计

第十九计　传媒计
目光在哪里聚焦，财富就在哪里产生

第二十计　明星计
老板要成为企业的代言人

第二十一计　会员计
得会员者得天下

第二十二计　积分计
积分的意义在于发行企业内部的货币

第二十三计　晋级计
要给顾客设计晋级游戏

第二十四计　代理计
让顾客成为代理，重复消费免费

第二十五计　创客计
把公司每个盈利项目拆开变成独立事业部

第二十六计　股份计
世上无难事，只要股份制

第二十七计　钢粉计
100个"萝卜粉"不如一个"钢粉"

第二十八计　回本计
让你的客户主动帮你分享

第二十九计　爆款计
用一个爆款打造赚钱的流量入口

第三十计　频次计
给粉丝让利优惠，持续不断发生关系

第三十一计　微商计
微商将会成为各行各业的底层架构

第三十二计　预收计
不仅能提前回本，还能留住客户

第三十三计　众筹计
众筹是今天做企业的标配

第三十四计　联盟计
联盟是跨行的双赢合作

第三十五计　圈子计
线上圈子和线下门店结合，形成盈利闭环

第三十六计　分拆计
分拆是企业做大的不二法门

《周导说盈利新三十六计》
从战略到战术，潜心总结可实操的盈利策略

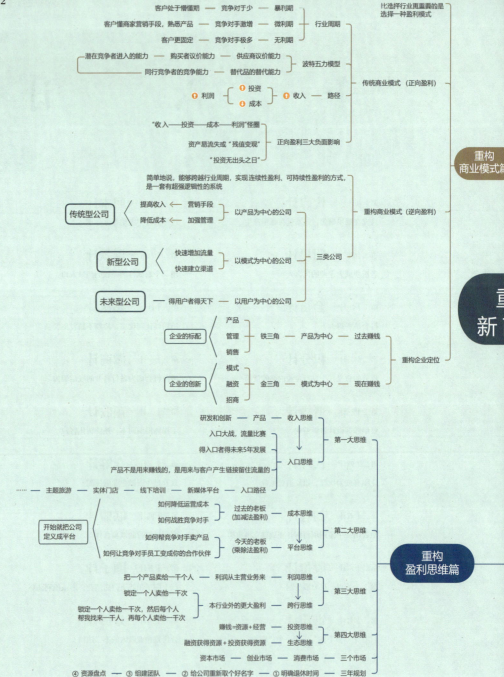

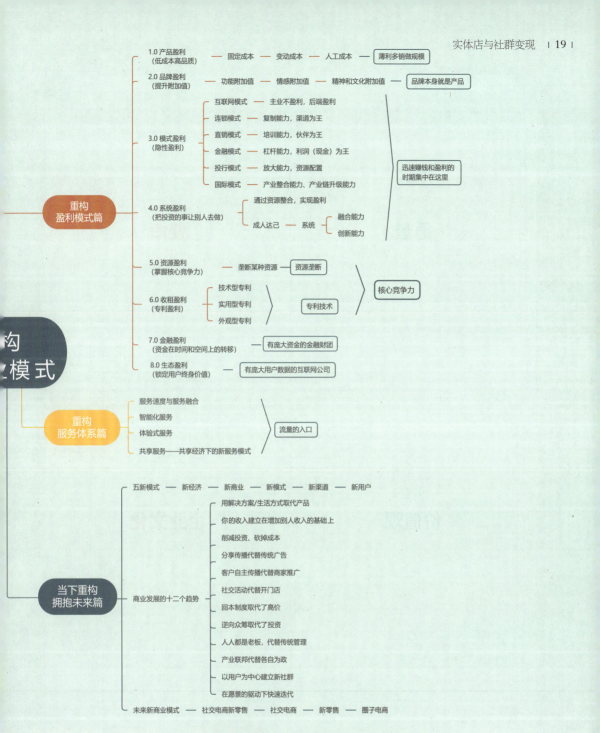

01 愿景	02 使命
03 价值观	04 企业文化

备注:

CORPORATE CULTURE

企业定位

| 战略方向 | | 产品定位 |

| 目标规划 | | 渠道建设 |

| 财务计划 | | 服务体系 |

CORPORATE POSITIONING

企 业 战 略 蓝 图

STRATEGIC BLUEPRING ENTERPRISE

不同商业模式的老板思维

★ **传统企业的老板** 产品专家

★★ **新型企业的老板** 模式专家

★★★ **未来企业的老板** 资本专家、渠道专家、用户体验专家

·昨天·
（盈利思维）

·今天·
（盈利思维）

·未来·
（盈利思维）

BOSS THINKING OF DIFFERENT BUSINESS MODELS

八 大 盈 利 模 式

01 ·产品盈利·

02 ·品牌盈利·

03 ·模式盈利·

04 ·系统盈利·

EIGHT PROFIT MODELS

- 05 ·资源盈利·
- 06 ·收租盈利·
- 07 ·金融盈利·
- 08 ·国家盈利·

四 大 思 维

入口思维

平台思维

FOUR MAJOR THINKING

实体店与社群变现

跨行思维

生态思维

商业发展的十二大趋势

01 用解决方案/生活方式取代产品

02 你的收入建立在增加别人收入的基础上

03 削减投资、砍掉成本

04 分享传播代替传统广告

05 客户自主传播代替商家推广

06 社交活动代替开门店

TWELVE TRENDS IN BUSINESS DEVELOPMENT

实体店与社群变现

07 回本制度取代了高价

08 逆向众筹取代了投资

09 人人都是老板传统管理

10 产业联邦代替各自为政

11 以用户为中心建立新社群

12 在愿景的驱动下快速迭代

企业生态圈

CORPORATE ECOSPHERE